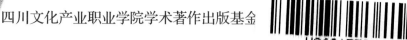

四川文化产业职业学院学术著作出版基金

U0691572

中国式现代化视野下

成都非物质文化遗产

多维传承路径研究

李雨竹 —— 著

成都时代出版社
CHENGDU TIMES PRESS

图书在版编目（CIP）数据

中国式现代化视野下成都非物质文化遗产多维传承路
径研究 / 李雨竹著. -- 成都：成都时代出版社，
2025.1

ISBN 978-7-5464-3456-8

Ⅰ. ①中… Ⅱ. ①李… Ⅲ. ①非物质文化遗产—保护
—研究—成都 Ⅳ. ①G127.711

中国国家版本馆CIP数据核字（2024）第102452号

中国式现代化视野下成都非物质文化遗产多维传承路径研究
ZHONGGUOSHI XIANDAIHUA SHIYEXIA CHENGDU FEIWUZHI WENHUA YICHAN DUOWEI CHUANCHENG LUJING YANJIU

李雨竹 / 著

出 品 人　钟　江
责任编辑　樊思岐
责任校对　李　航
责任印制　江　黎　曾译乐
装帧设计　成都久吉印务有限公司

出版发行　成都时代出版社
电　　话　(028)86785923(编辑部)
　　　　　(028)86763285(图书发行)
印　　刷　四川煤田地质制图印务有限责任公司
规　　格　170 mm×240 mm
印　　张　7.25
字　　数　150千
版　　次　2025年1月第1版
印　　次　2025年1月第1次印刷
书　　号　ISBN 978-7-5464-3456-8
定　　价　48.00元

我们生活在一个快速发展的时代，科技的进步、全球化的推进以及社会经济的不断变革，使得我们的文化、生活方式以及对于传统的认知也在不断地改变。然而，在我们追求现代化的过程中，我们不能忘记那些塑造了我们的过去并将继续塑造我们未来的非物质文化遗产（以下简称"非遗"）。非遗可以视为中华民族几千年来改变生活、努力发展的文化基因。这些文化基因在代际传递的过程中，被不断赋予新的意义和价值，成为人们身份认同和文化传承的重要载体。这些文化基因反映了人类文明的多样性和独特性，为人们提供了认识历史、理解文化和创新发展的途径。非遗犹如一颗璀璨的明珠，闪耀着中华民族悠久的历史与独特的文化魅力。成都，这座拥有两千多年历史的城市，也不例外。非物质文化遗产的传承与保护成为各国共同关注的议题。

非物质文化遗产的传承对于一个国家与民族来说有着重大意义，我国国务院将非物质文化遗产划分为国家、省、市、县四级，包含表演艺术、社会风俗、传统手工艺、传统美术书法等内容。非遗传承发展的理论，从场景理论中的保护运行机制到协同治理理论中的档案管理，从批判遗产理论的视角到人类学中提到的所有"非遗"都是动态和不断变化的。所谓动态，意味着它不仅与历史有关，与现、当代有关，还应该与人类的未来发展有关。另外，从整体论看，既要将非遗放在动态的时间维度中来理解，也要将其放在复杂的社会空间中来审视，它是后现代社会和知识化社会的产物，不仅是被保护的"遗产"，还是参与新的社会建构的"资源"。人，从文化生态理论视域下非遗传承人制度研究到学科视野下非遗的保护能力建设，从非遗的生产性保护到新时代非物质文化遗产保护方法体系论——以生活性、生产性和生态性保护为中心，从信息空间理论下的非物质文化遗产数字化保护与传播到细化的参与式发展理论在非物质文化遗产数字化保护中的应用。非遗的保护、传承发展的体系化、专门化、符合中国式发展的特色化愈发明显。

中国，这个拥有五千年文明史的国度，有着丰富的非遗资源。这些非遗代表了中华民族的智慧和精神，是连接过去与现在，东方与西方的桥梁。习近平总书记2022年10月16日在党的二十大上的报告中提出："中国式现代化，是中国共产党领导的社会主义现代化，既有各国现代化的共同特征，更有基于自己国情的鲜明特色：它是人口规模巨大的现代化，全体人民共同富裕的现代化，物质文明和精神文明相协调的现代化，人与自然和谐共生的现代化，走和平发展道路的现代化。"所以在中国式现代化视野下，如何实现非遗的多维传承，使其在新时代焕发新的生命力，成为一个值得深入探讨的问题。

在追求中国式现代化的过程中，如何保护、传承和发扬这些宝贵的非遗资源，是一个值得我们深入探讨的问题。成都，作为我国西南地区的文化中心，拥有众多具有地方特色的非遗项目。这些独特的非遗文化在现代化进程中面临着怎样的挑战和机遇？又如何在现代化进程中实现传承和发展？随着"人口规模巨大化的现代化"，我们的非遗传承人群如何培养与发展？这些是本研究关注的重点问题。

在保护和传承文化基因的要求外，还应思考发掘非遗文化基因的价值和创新发展文化基因。在新时代的背景下，人们对文化的传承越来越重视，并且对文化的需求也越来越多元化。因此，除了占据当今主流文化市场的欧美文化与日韩文化外，我国传统文化也在逐渐复兴，在服装、家具、图标的设计上也越来越重视对我国传统文化思想的体现，为我国非物质文化遗产的传承提供了新的发展机遇。同时，非物质文化遗产的传承与保护工作，是一个国家与民族的重要任务，为了实现我国非物质文化遗产的进一步传承与发展，就要将其有机结合到一起，实现非物质文化遗产在新时代背景下的进一步发展。2023年10月12日，睽违两年的第八届中国成都国际非遗节开幕，中国成都国际非物质文化遗产节是以推动人类非物质文化遗产保护为宗旨，展示《保护非物质文化遗产公约》缔约国交流互鉴履约实践的国际性文化盛会，是中华文明与世界各国各民族文明友好对话的国际平台，创办于2007年，每两年在中国成都举办一届。本届为期五天的非遗盛宴，共有来自国内和全球47个国家（地区）的900余个非遗项目、6000余名代表和非遗传承人相聚成都，交流互鉴。吸引了

38万余人次现场参与活动，相关活动直播观看量235万人次，网络相关话题阅读量7658万人次；产品销售额1273万元，意向授权金额8200余万元。非遗传承应用的场景愈发多元，形成的规模经济效益愈发可观。这是时代发展带来的优势与机遇，也需要相应传承路径的进化与发展。

中国式现代化对非遗传承既带来了机遇，也带来了挑战。一方面，中国式现代化为非遗产传承提供了新的机遇。现代化的发展使得非遗得到了更多的关注和重视，社会对于传统文化的认同度提高，从而加强了对非遗的保护和传承。中国式现代化也提供了更多的资源和平台，促进了非遗的传统技艺的创新和发展，为非遗的传承注入了新的活力。

此外，为了更好地传承非遗特色文化基因，我们需要培养文化自觉和文化认同：通过教育和宣传，培养人们对自身文化基因的认同和自觉，增强文化自信和归属感，从而更好地传承和发展非遗。"非遗"传承，非遗项目分为技艺和精神文化两部分，技艺部分的习得需要反复训练，以传帮带的方式、师徒制的手段带领进行传播推广，而"承"的这部分，是精神气质、文化内涵等的承接教育。

在国内，非遗从业者主要的适用岗位包括政府机构（如文化馆、非遗中心等）、社会组织以及相关的文创企业。由于前述非遗从业者文化水平、市场观念等综合素质不高的原因，导致在一定程度上影响了非遗宣传、保护、教育的社会认知度和专业水准。存在的问题包括对非遗的认识了解不清晰，无法认识到非遗的人文性与传承性的必要性，或者在传承发展过程中破坏了非遗项目的原真性，由此直接导致部分非遗从业者无法对非遗的保护传承采取积极有效的方式，忽视非遗项目的原创价值以及在知识产权保护上力度不够。在保护方式上，目前一些非遗从业者更多思考的是如何针对非遗进行记录和保存，缺少在可持续发展道路上对非遗"现代化"与"生活化"的思考，往往照搬某些成功案例的模式，忽视自身非遗的优势，缺乏当地特色非遗的特色打造。因此对传承人群的多维培养，要强化文化传承意识、提高文化素养和综合能力、加强跨学科学习和交流、实践与理论的相结合、加强社会责任感和公共意识、尊重和保护文化遗产等方面。只有全面提升传承人群的素质和能力，才能更好地传承和发扬优秀传统文化，为人类文明的繁荣和发展做出贡献。青年是国家和民族的希望，创新是社会进步的灵魂，创业是推动经济社会发展、改善民生的重要途径。青年学生富有想象力和创造力，是创新创业的新生力量。同样，青年学生也是非遗传承与发展的重要力量，生生不息，代代相传，每一名学生都将是文化传承的践行者、传承者。

另一方面，中国式现代化也给非遗的传承带来了一些挑战。现代化进程中，城市化、工业化、商业化等因素的影响导致了非物质文化遗产传统技艺的丧失和边缘化。一些非遗项目面临着失传的危险，传承人的流失和年龄老化等问题也给传承工作带来了困难。同时，现代化的价值观和生活方式的改变，也对非遗传承提出了新的挑战。传统技艺的传承需要与现代社会的需求相结合，找到适合现代人的表达方式和市场需求。

本书的研究方法主要包括文献研究、实地考察、深度访谈等。包括系统梳理国内外相关文献，为研究提供理论依据；通过实地考察了解成都非遗传承现状及问题，获取第一手资料；作者结合了自己的实践经验和思考，从2014年以来针对非物质文化遗产传承发展的观察与实践经验出发，包括中国式现代化对非物质文化遗产传承发展的要求与需要的思考，非遗传承发展10年来的传承方式与特点，揭示了大众参与、教育传承、数字人文、多元共创和现代管理模式等多个路径在成都非遗传承中的作用和实践，以及后续传承发展的方向探索。运用深度访谈法与成都地区的非遗传承人、专家学者等进行深入交流，挖掘实践经验，对成都地区的非遗传承现状进行深入了解和分析，以期找到适合现代社会的非遗传承路径。

在研究成果方面，本书系统阐述了中国式现代化视野下成都非遗多维传承路径的研究成果。具体而言，我们将总结提炼出成都非遗传承的创新实践和经验，如构建多维传承体系、推动非遗与现代生活融合、加强非遗教育、媒体发展与非遗等。此外，针对当前成都非遗传承面临的问题，希望提出切实可行的解决方案和发展建议。

展望未来，我们将继续关注中国式现代化进程中非遗传承的发展动态，为保护和传承中华民族优秀传统文化贡献力量。同时，希望本书的研究成果能够为其他城市和地区的非遗传承工作提供参考和借鉴，共同推动中国非遗作为文化内容IP走向更广阔的世界舞台。

　　总之，本书旨在深入探讨中国式现代化背景下成都非遗的多维传承路径，以期为非遗保护工作提供新的思路和方法。当然，我们的研究只是一个开始，未来的道路还很长。我们期待更多的学者和社会各界人士能够关注非遗保护和传承这一问题，共同为保护我们的文化遗产，传承我们的传统文化做出贡献。

李雨竹
2024 年 7 月

目 录
MU LU

第一章

引　言

随着中国式现代化进程的加速推进，非物质文化遗产的保护和传承成为一个重要的议题。作为一个历史悠久、文化底蕴深厚的城市，成都拥有丰富的非物质文化遗产资源，如川剧、蜀绣等。随着经济的发展和城市化的进程，非物质文化遗产面临着丧失、消亡的风险。

第一节　中国式现代化视野下非遗传承的机遇与挑战

根据文化和旅游部数据显示，截至目前，我国共有各级非遗代表性项目10万余项，其中国家级非遗代表性项目1557项；各级代表性传承人9万余名，其中国家级非遗代表性传承人3068名。同时，我国有43个非遗项目列入联合国教科文组织非遗名录、名册，位居世界第一。在中国式现代化的进程中，非物质文化遗产的传承与发展面临着重要挑战。随着经济的快速发展和城市化的加速推进，许多传统的非物质文化遗产面临着被遗忘和消亡的风险。然而，非物质文化遗产是一个国家和地区文化的重要组成部分，它代表着人们的智慧、信仰、价值观和生活方式，对于维护文化多样性和促进社会发展具有重要的意义。所以有必要采取有效措施，保护传承好非物质文化遗产。

中国式现代化背景下
成都非物质文化遗产多维传承路径研究

一、机遇：更多的重视与可能

中国式现代化对非物质文化遗产传承带来了新的机遇。中国式现代化的发展使得非物质文化遗产得到了更多的关注和重视，首先，政府的支持不断增加，非物质文化遗产作为内容源头给予所在地、所有人的经济发展先手，从内容产业发展到文化产业的优势输出需要本土本源的资源优势。其次，社会对于传统文化的认同度提高，从而加强了对非物质文化遗产的保护和传承。中国式现代化的发展要求也为非遗的传承提供了更多的资源和平台。随着科技的发展，非遗的保护、传承和研究也有了新的手段和方法，如数字化技术、互联网+等，这些新技术可以为非遗传承注入新的活力。从科学研究到产品研发，销售渠道的多元出现，"种草"与"出圈"的案例频出，促进了非物质文化遗产传统技艺的创新和发展，为非物质文化遗产的传承注入了新的活力。中国在国际舞台上扮演着越来越重要的角色，加强与国际社会的文化交流与合作，可以促进非遗在国际范围内的传播和影响力。

二、挑战：满足需求的缺口

中国式现代化进程中，经济的快速发展和科技的不断进步给非物质文化遗产的传承带来了机遇，但也同样面临着一系列的挑战。首先，人口规模巨大的现代化带来了不同层级的非遗传承缺口。现代化的生活方式和价值观的改变，使得人们对传统文化的兴趣减弱，传统技艺和习俗的传承面临着断层的风险。社会的快速变迁和经济的发展，给传统手工艺和技艺的传承带来了压力，部分传统技艺面临着失传的危险，传承人的流失和年龄老化等问题也给传承工作带来了困难。而随着非遗保护工作的推进，专业从事非遗保护和传承工作的人才数量有限，人才短缺问题日益突出。其次，城市化的进程导致了大量的城市空间和资源的改变，传统的非物质文化遗产面临着涅槃重生还是黯然消亡的抉择。由于非遗保护和传承工作需要大量的资金投入，包括基础设施建设、人才培养、宣传推广等方面，如何进一步解决"造血输血"的问题仍有待思考。同时，现代化的价值观和生活方式的改变，也对非物质文化遗产传承提出了新的挑战。传统技艺的传承需要与现代社会的需求相结合，寻找到适合现代人的表达方式和市场需求。部分地区和非遗传承人在非遗保护和传承工作中缺乏创新意识，无法适应新时代的发展需求，导致非遗传承缺乏活力和吸引力。不同地区的非遗具有不同的历史文化背景和特色，因此需要在尊重差异的基础上进行有效的传承和创新，减少同质化的产出。

面对这些挑战，中国式现代化需要采取多维路径来保护和传承非物质文化遗产。首先，政府和社会应加大对非物质文化遗产的保护力度，建立起相关的法律法规和政策措施，确保非物质文化遗产的传承与发展。其次，教育体系应加强非物质文化遗产的教育，将其纳入学校的课程体系中，培养学生对传统文化的认同和兴趣。同时，社会各界应加强对非物质文化遗产的宣传和推广，提高公众对非物质文化遗产的认知和重视。此外，科技的发展也为非物质文化遗产的保护和传承提供了新的途径，如数字化保护和虚拟现实技术的应用，可以更好地保护和传承非物质文化遗产。

综上所述，在中国式现代化背景下，成都非物质文化遗产的传承与发展面临着挑战。只有通过政府、教育、社会和科技的多维路径，我们才能更好地保护和传承非物质文化遗产，促进非遗保护与社会发展的有机结合。这不仅对于维护文化多样性和传统文化的传承具有重要意义，也对于促进社会和谐与可持续发展具有积极的影响。

第二节　中国式现代化五大特征与非遗传承

习近平总书记多次指出，"中国式现代化"具有五个重要的特征：中国式现代化，是人口规模巨大的现代化，全体人民共同富裕的现代化，物质文明和精神文明相协调的现代化，人与自然和谐共生的现代化，走和平发展道路的现代化。

2022年我国人口开始负增长，2021年自然增长率是0.34‰，到了2022年末成为−0.60‰，与此同时，我国仍是全世界人口最多的国家。根据2023年中国统计年鉴，15岁至65岁的人口占全国人口68.3%，根据联合国世界卫生组织对全球人体素质和平均寿命的测定结果，其年龄划分标准是0—17岁为未成年人，18—65岁为青年人。人口数量的负增长从某一方面反映了国民对个人生活发展的关注度的提升，而全国近70%的青年人的生活需求会发生新的变化。

人口规模巨大的现代化意味着在推进中国式现代化的过程中，需要关注和尊重不同人群的需求和利益。非遗作为优秀传统文化的重要组成部分，其传承保护工作涉及众多人群，包括传承人、社区、群体等。因此，在实现人口规模巨大的现代化的过程中，非遗的传承保护工作也需要得到充分的关注和支持。

非遗作为中华优秀传统文化的重要组成部分，是中国各族人民在长期生产生活实践中创造、积累、传承下来的文化瑰宝，具有极高的文化、历史、艺术、科学等价值，对于推进中国式现代化有着重要的意义。例如，中国各地区的传统工艺、民间音乐、民间舞蹈等非遗项目，不仅具有极高的文化价值，而且在现代化进程中，通过创新性发展和应用，为推动当地经济社会发展、提高人民生活水平做出积极贡献。同时，还可以推动经济高质量发展，促进文化与经济融合发展，推动文化产业成为国民经济支柱产业之一，推进实现共同富裕。

物质文明和精神文明相协调的现代化与非物质文化遗产传承之间存在密切的联系。物质文明和精神文明相协调的现代化是指在中国式现代化进程中，物质文明建设和精神文明建设相互促进、协调发展，共同推动中国社会的全面进步。在这种现代化进程中，人们不仅追求物质财富的增加，而且注重文化、精神层面的追求，注重传承和发扬中华优秀传统文化，以实现人的全面发展为目标。

成都市的非遗保护工作内容包括建立了全国首家"成都市非物质文化遗产数字博物馆"及"成都市非物质文化遗产保护中心官方网站"，编辑出版了《锦城留韵——成都市非物质文化遗产》《蜀中琴人口述史》《琴清英》等书籍。一方面，现代化的发展需要以非遗传承为重要支撑，加强对非遗的保护和传承，可以促进文化多样性和文化交流，推动文化产业的发展，增加地方和国家的文化软实力；另一方面，非遗的传承和发展也需要现代化进程的支持和推动，通过现代科技、文化产业、旅游等手段，可以为非遗的保护和传承提供更好的条件和平台，促进非遗更好地融入现代社会。

人与自然和谐共生的现代化强调在现代化进程中，尊重自然、保护自然、利用自然，实现人与自然的和谐共生。这需要我们在经济社会发展过程中，注重对生态环境的保护和治理，推动生态文明建设，实现经济社会的可持续发展。

人与自然和谐共生的现代化和非遗传承之间存在相互促进的关系。一方面，非遗的传承保护需要以人与自然和谐共生为前提。很多非遗项目依赖于特定的自然环境、生态环境和人文环境，如传统渔业、牧业等非遗项目，需要在特定的自然环境中进行传承和保护。因此，人与自然和谐共生的现代化可以为非遗传承提供更好的环境和条件。另一方面，非遗的传承保护也可以促进人与自然和谐共生。很多非遗项目反映了人类对自然的认知、尊重和利用，如传统农业、林业等非遗项目，通过现代化的传承和保护，可以促进生态文明建设，提高环境保护意识，促进可持续发展。

当前，我国提出的"一带一路"合作倡议，是社会经济发展、全球化贸易融合的重要策略，不仅有助于我国经济的成长与建设，也会为贸易路线中的沿线国家与人民带来新的商业合作与发展。我国自古开设丝绸之路、茶马古道，都是 人们为了更好的生活，一直秉承和平发展、和谐共处的原则。和平发展是中国特色社会主义的必然选择，是实现中华民族伟大复兴的必由之路。在实现中国梦的过程中，中国非物质文化遗产传承人、保护者们，通过保护和传承非物质文化遗产，为促进社会和谐、推动文化繁荣发展做出了积极贡献。

此外，非遗传承可为促进社会和谐发挥重要作用。非遗传承人通过传授技艺、培养人才，为非遗文化的传承和发展奠定了坚实的基础。同时，非遗传承还为促进文化交流、增进民族团结、推动社会和谐发挥了重要作用。一些非遗传承人通过开展非遗文化交流活动，促进了不同民族之间的文化交流和融合，增强了民族团结和凝聚力。

21世纪背景下，国家、地区之间的交流活动，呈现出时代性的多元化特征，作为文化形式的非遗，也涌现出了更多的传播渠道，并形成了崭新的发展活力。非遗传承为推动文化繁荣发展做出了积极贡献。非遗传承人通过传承和弘扬非遗文化，不仅保护了文化遗产，还促进了文化多样性和文化创新。例如，一些非遗传承人通过创新非遗文化表现形式，将非遗文化与现代设计、时尚元素相结合，创作出了许多优秀的文化产品，丰富了人民群众的精神文化生活。文化内容以精神世界为基础，在形成核心思想的同时，利用各种物化形象展现出来，并在形成有形文化资产的过程中，完成文化产业建设。如果特定的文化内容，产生了有形商业价值，则其潜在力量可以为具象化的物质赋予远远超出其自身价值的定位。

成都，作为中国西南地区的重要城市，拥有丰富的非物质文化遗产。成都地处四川盆地，地势平坦，气候温和湿润，拥有丰富的自然资源。这种地理环境为成都的非物质文化遗产的形成和传承提供了有利条件。成都的自然环境孕育了丰富的农耕文化，如川菜、川剧等都与成都的地理环境密切相关。有着4500多年文明史的成都拥有悠久的历史文化底蕴。古代的成都是蜀国和蜀汉的政治、经济和文化中心，这些历史遗迹和文化传统为成都的非物质文化遗产的传承提供了坚实的基础。例如，成都保留了许多古代建筑、古老的街巷和传统的手工艺品，这些都是成都非物质文化遗产的重要组成部分。成都也是一个多民族聚居的城市。成都地处西南边陲，是中国西南地区的政治、经济和文化中心。这里聚居着汉族、藏族、羌族、彝族等多个民族，各民族的文化在这里交融共生。

总之，成都作为一个具有丰富非物质文化遗产的城市，其地理位置、历史文化和多元民族文化的融合，使得成都拥有独特的文化特点和丰富的非物质文化遗产。在中国式现代化的背景下，成都需要通过多维路径来传承和发展这些非物质文化遗产，以保护和传承成都独特的文化传统，促进非遗保护与社会发展的有机结合。

第二章

理论框架与研究方法

在本研究中，我们将采用以下理论框架和研究方法来探讨中国式现代化背景下成都非物质文化遗产的多维路径传承之路。

在研究方法上，我们将采用实证研究方法，结合定性和定量研究的方法。通过文献综述和案例分析，我们将收集和整理成都的非物质文化遗产保护和传承的相关数据和资料，以了解成都非遗传承的历史与现状。同时，我们将进行实地调研和访谈，与相关机构、从业者和社区居民进行深入交流，以了解成都非物质文化遗产传承中的多维路径。

此外，我们还将运用比较研究的方法，与其他城市或地区的非物质文化遗产保护和传承进行比较，以寻找成都非遗传承的优势和不足之处。最后，我们将提出促进成都非遗传承发展的对策和建议，如政策支持、社会参与和教育创新等，以推动成都非物质文化遗产的多维路径传承。

通过以上的理论框架和研究方法，我们将深入探讨中国式现代化背景下成都非物质文化遗产的多维路径传承之路，为成都非遗教育传承的发展提供理论参考和实践指导。

第一节　非物质文化遗产的概念和价值

一、非物质文化遗产的概念

对于非物质文化遗产的概念，目前学术界普遍接受的是联合国教科文组织于2003年10月17日通过的《保护非物质文化遗产公约》对非物质文化遗产所下的定义。该公约界定的非物质文化遗产是"指被各群体、团体、有时为个人视为其文化遗产的各种实践、表演、表现形式、知识和技能及其有关的工具、实物、工艺品和文化场所"。①2005年，我国国务院办公厅在《关于加强我国非物质文化遗产保护工作的意见》中指出："非遗"指各族人民世代相承的、与群众生活密切相关的各种传统文化表现形式。2011年2月25日，我国在《中华人民共和国非物质文化遗产法》中指出，"非遗"是指各族人民世代相传并视为其文化遗产组成部分的各种传统文化表现形式，以及与传统文化表现形式相关的实物和场所。包括：传统口头文学以及作为其载体的语言，传统美术、书法、音乐、舞蹈、戏剧、曲艺和杂技，传统技艺、医药和历法，传统礼仪、节庆等民俗，传统体育和游艺，其他非物质文化遗产六大方面。

我国政府主导的"非物质文化遗产保护"2003年启动，当时名为"中国民族民间文化保护工程"；2005年3月26日，国务院办公厅印发了《关于加强我国非物质文化遗产保护工作的意见》及附件《国家级非物质文化遗产代表作申报评定暂行办法》，开启了我国非物质文化遗产（代表作）名录项目的申报和评审并展开了全国非物质文化遗产普查；2006年2月8日，国务院下发《关于加强文化遗产保护的通知》，宣布每年6月的第二个星期六为我国"文化遗产日"，不仅规定了各级政府部门在保护我国文化遗产方面的职责和任务，而且号召全体公民提高"文化自觉"，以可能的方式珍惜和保护祖先传承给我们的文化遗产；2011年2月25日，全国人大常委会通过了《中华人民共和国非物质文化遗产法》并于6月1日起实施。

非物质文化遗产是指人类创造的、以口头和非书面方式传承的各种非物质性文化表现形式，它包括传统的技艺、表演艺术、口头传统和社会习俗等。非物质文化遗产作为人类智慧和创造力的结晶，承载着丰富的历史、文化、知识和价值观。

---

① 龙先琼. 关于非物质文化遗产的内涵、特征及其保护原则的理论思考[J]. 湖北民族学院学报（哲学社会科学版），2006(05):47-52. DOI:10.13501/j.cnki.42-1328/c.2006.05.011.

二、非物质文化遗产的价值

非物质文化遗产有着重要的价值。非物质文化遗产价值根据王立安、徐晓敏[1]等分析，具有历史、文化、审美领域的价值，社会、科学、教育领域的价值以及经济领域价值。龚斌提出非遗的价值是强化民族文化意识，是一种精神蕴含，维护国家的独立性[2]。非遗是人类文化多样性的重要组成部分。每个地区和民族都有自己独特的非物质文化遗产，这些遗产反映了不同地域和社会群体的历史、生活方式和价值观。非物质文化遗产是人类文化传承和创新的重要载体，通过传承非物质文化遗产，人们能够保留和传递祖先留下的智慧和技艺，同时也能够创造和发展新的文化形式。此外，非物质文化遗产还具有社会和经济价值。它们可以成为地方经济和旅游业的重要资源，促进地方经济的发展和社会的繁荣。正如胥志强先生所言，非遗作为艺术，作为价值的彰显，是无从保护的。号召保护非遗的理由，也应该是个价值层面的理由，而且是种比非遗本身的价值更高的价值。[3]

第二节　非物质文化遗产保护传承理论综述

本研究采用的是批判遗产理论。该理论主张遗产不是名词，而是动词，是一种动态的社会文化过程。这一过程被围绕它的各种文化过程和活动建构，被带有不同诉求的群体赋予价值和意义。批判遗产理论是对"西方中心主义"定义的主流遗产话语的反思，该理论学派的支持者认为，我们要想思辨地研究遗产，必然要站在更为广阔的、非西方的、跨学科的和基于具体案例的视角上来研究遗产背后的权力关系以及来自其他不同社会被边缘化的声音。[4]

---

① 王立安,许晓敏. 非物质文化遗产保护理论及其应用研究述评[J]. 经济研究导刊,2018(12):62-65.

② 龚斌. 关于非物质文化遗产保护的理论思考[J]. 中国民族博览,2020(18):59-60.

③ 胥志强. 关于非遗保护的理论思考[J]. 文学教育(下),2020(02):4-6,3. DOI:10.16692/j. cnki. wxjyx. 2020.02.001.

④ 张静. 批判遗产理论视角下的非遗"制造"与保护[D]. 北京:中央民族大学,2021. DOI:10.27667/d. cnki. gzymu. 2020.000805.

一、原真性理念与活态性理念

1964年的《威尼斯宪章》在国际上最早将"真实性""完整性"作为文化遗产保护的基本准则之一，该准则对非遗保护产生了重大影响。随着研究与实践的深入，当代西方保护理论将原真性作为遗产保护的价值判断，强调应从关注遗产美学与历史真实性向关注主观的判断与价值观转变，这一理念的转向为非遗保护从关注"物"向关注以人为核心的"活态遗产"转变提供了理论支撑。一是强调了非遗守护者和创造者的重要作用，二是作为非遗活动主要场所的"文化空间"成为非遗保护的重要范畴。①

二、"档案式"保护理论

对于"非遗"档案以及"非遗"档案长久保存的概念，国际组织、国内政府机构没有做出明文规定。对于"非遗"档案的概念界定，学界有的重点强调"非遗"档案囊括的档案内容，有的强调"非遗"档案建档的主体，有的强调"非遗"档案形成的技术手段。非物质文化遗产档案式保护的定义虽各有不同，但是从表述上来看，综合分析，其中有几点能够得到学界普遍认同。第一，保护的方式手段相同；第二，通过特定的存档方式；第三，对已保存档案的开发利用。这三点在大部分概念中都有所体现②。非遗档案是非遗活动的原始记录，对非物质文化遗产档案概念的界定是学界最初关注的话题，③王云庆等认为，非物质文化遗产档案是指"与非物质文化遗产有关的具有保存价值的各种载体的档案材料，它应当包括非物质文化遗产活动的道具、实物等，以及对非物质文化遗产进行记录和保护过程中形成的文字记载、声像资料等"。在非物质文化遗产档案的研究价值方面，周耀林等提出，非物质文化遗产档案"作为固化保护方式得到了国家相关行政管理部门的充分肯定，在非物质文化遗产保护中的作用日益凸显"。

---

① 林琰,李惠芬.非物质文化遗产的保护机制与活化路径[J].南京社会科学,2023(03):151-160.DOI:10.15937/j.cnki.issn1001-8263.2023.03.016.

② 黎杜.非物质文化遗产档案长久保存现状与对策研究[D].湘潭:湘潭大学,2018.

③ 马玉杰,李鑫,毕云平等.我国非物质文化遗产档案式保护研究态势分析[J].档案天地,2018(07):45-46+52.

三、"三位一体"保护理论

2010 年左右，国内学者开始探索构建"三位一体"（"生活性""生产性"和"生态性"）保护，以确保"非遗"存续力为核心的新的"非遗"保护方法体系论。2006 年，学者陈勤建在《保护非物质文化遗产要防止文化碎片式的保护性撕裂》的文章中，提出了"我们要从民众生活出发，坚持生活相、生活场、生活流立场观念和方法"。给出了"生活性保护""生产性保护"和"生态性保护"的基本理念。"生活性"保护的观念在我国学界一直就存在，但作为术语的"生活性保护"一词出现得较晚，这一概念首先出现在历史文化街区保护理论和实践中，2012 年以后才在非物质文化遗产保护方法的理论探讨中出现。根据文献检索结果，"生活性保护"最早是方旭红、黄钟浩、郑丽虹在《论非物质文化遗产的生活化保护》一文中提出的。2013 年，胡惠林、王媛在《非物质文化遗产保护：从"生产性保护"转向"生活性保护"》一文中，对"生活性保护"这一概念进行了阐释。而在中国开展的各种非遗保护传承方式中，"生产性保护""文化生态保护（实验）区"这两种保护方法备受关注，被普遍认为是具有鲜明中国特色、原创性和世界意义的非物质文化遗产保护方法，也是取得最丰富、最显著实践和理论成果的最重要的两种保护方法，被称为"非遗"保护当代"中国经验"之一[1]。

四、数字化保护理论

20 世纪 90 年代以来，随着信息技术的广泛应用，"美国记忆""世界记忆"等项目相继启动，一时之间，"数字化"成为文化遗产领域的热门词汇[2]。2006 年 2 月，彭冬梅等在《美术研究》上发表《数字化保护——非物质文化遗产保护的新手段》，介绍了非物质文化遗产数字化保护的优势与必要性、所涉及的数字技术、国内外研究与实践现状等内容，开启了我国非物质文化遗产数

---

① 刘永明. 新时代非物质文化遗产保护方法体系论——以生活性、生产性和生态性保护为中心[J]. 美与时代（上），2018（04）：7-16. DOI：10.16129/j.cnki.mysds.2018.04.004.
② 赵跃，周耀林. 国际非物质文化遗产数字化保护研究综述[J]. 图书馆，2017（08）：59-68.

字化保护的系统研究[①]。2009年，王耀希[②]给出数字化保护的概念，认为文化遗产数字化是指利用数字采集、数字存储、数字处理、数字展示、数字传播等数字化技术将文化遗产转换、再现、复原成可共享、可再生的数字形态，并以新的视角加以解读，以新的方式加以保存，以新的需求加以利用。参考该定义，后续研究给出了"非物质文化遗产数字化[③]等相似的定义。国内外图情档学者一直致力于寻找新技术与新方法在文化遗产数字化保护领域的应用研究。近年来，"互联网之父"蒂姆·伯纳斯-李提出的关联数据是一套应用规范而不是难度很高的技术，很快被国际互联网协会接受成为一种发布和连接各类信息、数据的规范，引起了国内外图情档学界的广泛关注[④]。此外，还有信息空间理论，马克斯·布瓦索在专著《信息空间》中提出了信息空间的概念，用于考察实物资产与知识资产之间错综复杂的关系。该理论将编码、抽象、扩散三个维度融会在信息空间框架中，编码是赋予现象或经验以形式的过程，抽象是辨别构成种种形式之基础的结构的过程，扩散是将经过编码和抽象的信息传播给特定受众的过程[⑤]，以及参与式发展理论应用在数字化保护中。参与式发展理论起源于西方的"社区发展战略"，是一种微观的区域发展理论。该理论强调在平等协商、尊重差异的基础上，通过成员的主动、广泛参与，实现组织可持续的、有效的发展[⑥]。参与式发展理论能够为非物质文化遗产的数字化保护提供可靠的参考，具有重要的现实与应用意义，能够解决在大数据背景下非遗保护建设与发展中的问题。在"参与"与"赋权"过程中，给予非遗传承人和拥有者足够的自主权与话语权，使他们参与数字化保护的设计与开发过程，通过与技术人员的交流与沟通，建立符合本土化与地方性的非遗资源分类、组织

---

① 王云庆,彭鑫. 国内非物质文化遗产数字化保护研究综述[J]. 档案与建设,2017(04):9-13.

② 王耀希. 民族文化遗产数字化[M]. 北京:人民出版社,2009:18.

③ 黄永林,谈国新. 中国非物质文化遗产数字化保护与开发研究[J]. 华中师范大学学报(人文社会科学版),2012(2):49-55.

④ 徐芳,金小璞. 基于关联数据的文化遗产数字化保护研究综述[J]. 国家图书馆学刊,2020,29(04):90-99. DOI:10. 13666/j. cnki. jnlc. 2020. 0409.

⑤ 谈国新,孙传明. 信息空间理论下的非物质文化遗产数字化保护与传播[J]. 西南民族大学学报(人文社会科学版),2013,34(06):179-184.

⑥ 孙玲玲,杨佐志,李彦如. 参与式发展理论在非物质文化遗产数字化保护中的应用[J]. 四川图书馆学报,2016(06):32-35.

与评价体系。通过充分发挥非遗传承人、拥有者的地方性知识与经验，实现非遗数字化保护的文化传承功能。

五、学科视野下的保护理论

2017年，中山大学举行中国非物质文化遗产学科建设研讨会。2019年，宋俊华等在"非物质文化遗产保护能力建设国际学术研讨会"上提出：联合国教科文组织倡导的以确保非遗生命力和可持续发展为目的的非遗保护，是通过能力建设来实现的。非遗保护能力建设取决于非遗保护的研究水平，受制于非遗保护的学科化程度，非遗保护能力的理论构建显得尤为重要。非遗保护能力建设不是短期的、一蹴而就的事情，它是一项长期的系统工程，因此需要专门的学科来提供稳定的、专业的学术技术支持，这是非遗学产生的前提。中山大学在非遗学和非遗保护实践方面做了许多探索工作，主要表现为：第一，开设非遗学科方向和专业，设立硕士点和博士点，推动了非遗保护研究的跨学科融合及专业化发展。第二，建立多元化的非遗保护学术共同体，在全国各地建立了18个非遗工作站，与国外高校建立了长期的学术交流，提升了高校、社区、研究机构等非遗保护主体间的协同能力。第三，多方参与非遗保护的人才培训和咨询服务工作，培养了一批非遗保护专业人才，为国家和地方非遗政策、法规、规划及其实施提供了咨询服务[①]。2020年，北京师范大学召开"非物质文化遗产教育与学科建设"国际学术论坛，2022年，非物质文化遗产学系列教材编写启动会在天津大学举行，标志着我国非遗保护人才高层次、专业化培养驶入"快车道"。冯骥才先生表示："当前，我们已经完成了非遗的抢救性保护，但科学保护是当务之急，而人才培养是关键。2021年，我国首个非物质文化遗产学交叉学科的硕士学位授权点落户天津大学，标志着我国非物质文化遗产学的人才培养进入一个高层次、专业化、全新的历史阶段。"非遗学进入高等教育是重要的教育事件和文化事件。非遗是一个民族和国家伟大而不可再生的文化财富，永远不是过去时，它是活态的，是长盛不衰的，它的文化精髓要代代相传。

[①] 宋俊华,何研.学科视野下的非物质文化遗产保护能力建设——"非物质文化遗产保护能力建设国际学术研讨会"综述[J].文化遗产,2019(06):152-157.

第三章

大众参与:人口规模巨大的现代化

第一节 大众参与的非遗保护和传承

一、简述

四川拥有联合国教科文组织非物质文化遗产名录(名册)项目8项,国家级非遗代表性项目153项,省级非遗代表性项目1132项;国家级非遗代表性传承人105名;国家级传统工艺工作站2个,非遗保护传承基地10个,非遗体验基地171个。成都作为一个具有丰富非物质文化遗产的城市,拥有25项国家级非遗项目,这些非遗项目代表了成都丰富的文化底蕴和独特的民俗风情。

表1 成都市非遗项目数量表(来源于成都市非遗保护中心官网)

非遗项目类别	具体数量(单位:项)	非遗项目类别	具体数量(单位:项)
民间文学	7	传统体育、游艺与杂技	7
传统音乐	8	传统美术	20
传统舞蹈	13	传统技艺	67
传统戏剧	5	传统医药	11
曲艺	12	民俗	25

非遗保护传承,从非遗申报、非遗物件的收集、具体技艺内容和精神的传承离不开大众的参与。在过去,非遗技艺主要通过师徒传承的方式传承。师

傅们将自己的技艺传授给学徒，通过实践和学习，学徒逐渐掌握了非遗技艺的精髓。这种传承方式保证了非遗技艺的传承和发展，但传承覆盖面是狭窄的、单向的。

现在大众参与的非遗保护和传承得到了重视。成都积极推动大众参与非遗保护与传承，通过设立非遗传承基地和开展社区、民间组织等大众组织的保护和传承实践，增强了公众对非遗的认知和参与度。

大众参与的非遗保护和传承是指广大民众通过各种方式积极参与非物质文化遗产的保护、传承和推广活动。在中国式现代化背景下，大众参与非遗保护和传承具有重要意义，可以促进非遗的传承与发展，增强社会的文化认同感和凝聚力。

图1　学生志愿者团队在国家级非遗夹江年画传承基地体验（一）

图2　学生志愿者团队在国家级非遗夹江年画传承基地体验（二）

图3　居民参与社区组织开展的非遗体验活动

　　首先，大众参与的非遗保护和传承具有丰富多样的意义和作用。通过大众的参与，可以激发社会各界对非遗的兴趣和关注，提高非遗的传播度和影响力。同时，大众参与可以带来更多的智慧和创新，推动非遗的传承方式和手段的更新与改进。此外，大众参与还可以促进非遗与当代社会的对接和融合，使非遗更好地适应现代社会的需求。

其次，大众参与的非遗保护和传承需要建立和完善相关的组织和机制。非遗传承基地的建设和运营是大众参与的重要途径之一，可以提供学习、交流和展示的场所，吸引更多的人参与到非遗保护和传承中来。

同时，社区、民间组织等大众组织也可以发挥重要作用，通过组织各类活动和项目，引导和推动大众参与非遗保护和传承。此外，政府、企业和社会力量的支持和投入也是大众参与的重要保障，可以提供相应的资源和条件，营造良好的环境和氛围。

最后，大众参与的非遗保护和传承需要注重教育和培养。通过加强非遗教育的普及和推广，可以提高大众对非遗的认知和理解，增强其对非遗保护和传承的责任感和使命感。同时，非遗教育还可以培养人们的非遗意识和非遗文化素质，提高他们对非遗的鉴赏能力和创新能力，为非遗的传承和发展提供有力支持。

综上所述，大众参与的非遗保护和传承需要建立完善的组织和机制，注重教育和培养，以实现非遗的传承与发展，推动非遗与现代社会的有机结合。

二、大众参与的意义与作用

首先，大众参与能够促进非物质文化遗产的保护和传承。非物质文化遗产是民间智慧和传统技艺的集合，它承载着历史、文化和社会记忆，具有独特的价值和意义。而大众参与可以使更多的人了解、关注和参与到非物质文化遗产的保护和传承中，形成广泛的社会共识和共同努力。通过大众参与，可以增加非物质文化遗产的曝光度，提高社会对其价值的认知，从而更好地保护和传承非物质文化遗产。

其次，大众参与能够促进非物质文化遗产的活化和创新。非物质文化遗产的传承不仅是对历史的延续，更是对传统的创新和发展。大众参与可以带来不同的视角、经验和创意，促进非物质文化遗产的活化和创新。通过大众的参与，可以将非物质文化遗产与现代社会需求相结合，创造出更具时代特色和市场竞争力的非物质文化产品和服务。同时，大众参与还可以激发年轻一代的创造力和创业精神，为非物质文化遗产的传承和发展注入新的活力。

图4　蜀锦新时代创作设计(笔者摄于第八届成都国际非遗节)

此外，大众参与还能够促进社会的共享和共融。非物质文化遗产是社会的共同财富，它属于全体人民。通过大众参与，可以让更多的人分享和参与到非物质文化遗产的传承和发展中，实现社会资源的共享和共融。大众参与能够打破传统的文化壁垒和社会阶层的差异，促进不同群体之间的交流和合作，增进社会的凝聚力和和谐发展。

大众参与能够促进非物质文化遗产的保护和传承，推动非物质文化遗产的活化和创新，促进社会的共享和共融。因此，我们应该积极鼓励和支持大众参与，为成都非物质文化遗产的传承和发展注入新的动力和活力。

第二节 非遗传承基地的建设思考

一、简述

非遗传承基地是保护和传承非物质文化遗产的重要场所，它不仅是非遗传承的物质载体，也是非遗传承的重要平台，是可以开展大规模的非遗传承教育场所。它具备了师资力量、教学条件、教学资源及生源招纳的多重优势。在中国式现代化背景下，非遗传承基地的建设与运营对实现非遗大众参与扩大化具有重要意义。

2020年，四川省委宣传部等七部门联合印发《四川省非物质文化遗产保护传承基地建设实施方案》（以下简称《方案》），坚持把握导向，立足学术，着眼传承，以非遗项目为依托，以传统技艺为重点，遴选建设一批非物质文化遗产保护传承基地，通过项目化带动，示范性引领非遗保护传承，不断激发非遗创新发展内生动力和外在活力，促进非遗融入现实生活，实现发展振兴，展现中华优秀传统文化永久魅力和时代风采。

根据《方案》，遴选对象包括四川境内从事非遗保护利用和传承创新的企事业单位、社会团体，包括非遗生产性保护示范基地、产业园区、传习所基地、体验基地及扶贫就业工坊等。经过各地各部门推荐申报、专家评审、实地考察等，最终评选出首批10个基地，涉及传统工艺、传统美术、传统表演艺术、民俗和民间文学、传统医药、传统体育等多个类别。

根据《方案》要求，争取到2025年，四川省将建成50个传承发展有力、品牌效应突出、社会经济效益领先的省非遗保护传承基地。

2023年度遴选工作围绕传统工艺及传统美术、传统表演艺术、民俗和民间文学、传统医药、传统体育五大类别展开，在全省范围内遴选建设20个传承发展有力、品牌效应突出、社会经济效益领先的省非遗保护传承基地。四川省内从事非遗保护利用和传承创新的企事业单位、社会团体，包括非遗生产性保护示范基地、产业园区、传习所（基地）、体验基地及非遗工坊等，均报名参加了。

本次遴选对象的申报标准主要分为四个方面：

一是基础条件较好，参与对象须依托不少于1项省级及以上非遗名录项目、1名以上该非遗项目的省级及以上代表性传承人或省级及以上工艺美术大师，建有一定规模的传习体验、展演展示、教学研究或生产销售场所，并推出相应的文化产品或服务。

二是保护传承有效。不仅开展对非遗项目本身的抢救和传承工作，还要积极培养非遗传承的后继人才，实施非遗传承的有效举措。

三是创新发展有力。改善非遗技艺本身，挖掘阐释非遗的文化价值和表达方式，开发符合当代价值观念、艺术审美需求的文化产品和服务，推动非遗融入现代生活。

四是整体效益良好。能够通过传承发展非遗，提高传承人的地位收入，扩大非遗就业岗位，开拓非遗消费市场，取得良好的社会效益和经济效益，为促进当地经济社会文化发展做出较大贡献。每个方面均有必需项目和加分项目。

表2　首批四川省非物质文化遗产保护传承基地名单（排名不分先后）

1	四川省非物质文化遗产保护中心
2	成都中医药大学
3	成都市靖绣缘蜀绣有限责任公司
4	泸州老窖股份有限公司
5	中国绵竹年画村景区管理委员会
6	四川省资中县木偶剧团
7	峨眉山市武术运动中心
8	雅安茶厂股份有限公司
9	安岳县文化馆
10	德格宗萨藏医药有限公司

此外，从2017年开始，教育部关于在全国中小学开展中华优秀文化艺术传承学校创建活动的开展，对申报相关传承基地审核要求从组织管理、教育教学、师资队伍、条件保障四个方面进行了具体要求。通知要求2017年在全国中小学校和中等职业学校创建1000所中华优秀文化艺术传承学校，以后每两年创建一批。传承项目主要包括：戏曲、书法（篆刻）、民族民间美术、传统手工技艺、民族民间音乐、民族民间舞蹈等。成都市目前共有30所中小学被认定为全国中小学中华优秀传统文化传承学校，全省共有126所。

附件1

全国中华优秀文化艺术传承学校基本要求

为确保全国中小学中华优秀文化艺术传承学校创建活动规范有序开展，明确各地遴选推荐传承学校的依据，特制定本要求。

一、组织管理

学校全面贯彻教育方针，高度重视学校美育工作，认真落实《国务院办公厅关于全面加强和改进学校美育工作的意见》，将美育纳入学校发展规划和年度工作计划，执行有力。有校级领导分管美育工作，要建立健全以专任美育教师为主，以班主任和兼职美育教师为辅，全体教职员工共同参与的传承学校创建工作机制。要建立健全传承学校创建工作组织实施、教学管理、活动开展、师资队伍、条件保障、检查督导等方面的工作方案和规章制度，项目推进扎实有效。

二、教育教学

按照国家要求，开齐开足上好美育课程，美育课程的开课率达到100%。加强传承项目课堂教学，将传承项目纳入校本课程，推进教学改革，提高教学质量。面向全体学生组织开展传承项目艺术实践活动，建立多种类型的传承项目兴趣小组、学生社团和工作坊，保证活动时间和活动效果，定期开展传承项目成果展示。加强校园文化建设，将传承项目有机融入校园文化建设中，营造向真、向善、向美、向上的校

园文化环境。

三、师资队伍

按照国家课程方案规定的课时数和学校班级数配备美育教师，满足美育教学基本需求。建立相对稳定的传承项目专兼职师资队伍。根据本校传承项目的需要，充分发掘和利用当地资源，聘请校外专家或民间艺人担任美育兼职教师，切实提高该传承项目的教育教学水平。定期开展传承项目教研活动，支持教师参加各级各类美育培训和交流研讨，不断提高师资队伍素质。

四、条件保障

学校美育场地设施建设完备，器材配备基本达到国家标准。设有传承项目专用教室或活动室，配备持续开展传承项目教学活动所必须的设施设备和相关资料。安排一定的传承项目工作经费，确保传承项目教育教学的正常开展。美育教师开展传承项目教学、指导工作坊和学生社团建设、组织课外活动等计入工作量，与其他科目教师同工同酬。学校所在地教育行政部门能够切实履行美育工作职责，积极开展各项工作，为本地区学校创建传承学校工作提供必要的业务指导和政策支持。

图5 教育部关于在全国中小学开展中华优秀文化艺术传承学校申报要求

文件说明传承学校要以课程教学为基础，将传承项目纳入学校美育课程建设，开设校本课程，加强学科融合，深化教学改革。要以实践活动为载体，加强以传承项目为内容的学生艺术社团和学生工作坊建设，组织学生开展群体性、体验性、互动性的项目实践活动。要以师资队伍建设为支撑，建设一支相

对稳定的传承项目专兼职教师队伍，提升项目教育教学水平。要以辐射带动为拓展，带动辐射当地中小学和社区，不断扩大传承项目的覆盖面和参与面。要以成果展示为助推，结合传统节日，因地制宜地组织学生开展传承项目成果展示活动，增强学生传承中华优秀传统文化的责任感和使命感。全国中小学中华优秀传统文化传承旨在将中华优秀传统文化全方位融入学校体育、美育全过程，引领青少年学生传承中华优秀传统文化，汲取中国智慧，弘扬中国精神，传播中国价值。

成都市在学校非遗传承基地方面也进行了具有成都特色的评选。2014年，成都市非遗保护中心面向全市评选"非遗传承基地学校"，以"非遗进校园"活动为抓手，20所成都市级非遗传承基地学校结合本校传承项目，组织策划了蜀绣、成都皮影戏、剪纸、成都木偶戏、四川竹琴、四川清音、四川车灯、青城武术、瓷胎竹编、川剧、棕编、面塑、道明竹编等非遗项目的教学课程，比如锦官驿小学共开设了38项特色课程，其中非遗类12项，共17个教学班，其他传统文化类6项，共8个教学班，可容纳750名学生同时学习，学生在校六年期间参学率100%。

图6　成都市新川第一幼儿园非遗进校园活动

图7　2023年成都市高新区川剧变脸进校园公益表演讲座

图8　成都市教科院附属学校非遗节俗活动

评选要求及学校推荐标准为：

1.有明确的开展传承教育的成都市非物质文化遗产代表性项目，并已开展相关传承教学活动。

2.有经费、人员等保障条件。

3.有明确的传承教育活动规划。在申请或推荐市级非物质文化遗产传承基地学校应提交以下材料：

（1）传承基地学校申报表，包含申报学校的基本情况、传承教育活动开展情况、资金来源情况和未来两年传承教育计划；

（2）证明材料，包括非物质文化遗产传承教育活动开展情况等。

从成都市对学校申报非遗传承基地的要求可看出，将非遗项目教育计划的实施执行列为重要位置，是从长效角度不断推进非遗项目的在地化发展。

2024年初，成都市"非遗进校园"教学活动开展评估试点工作，在龙泉驿区"非遗进校园"教学活动开展得较好的38所中小学，组织专家小组进行全面走访、考察、评估。这是继非遗传承基地落成后如何进行评估考察的试点研究，同时让非遗在校的传承发展思路可以得到进一步落地与完善。

二、基地的运营发展思考

非遗传承基地的建设与运营是成都非遗教育传承的重要环节，可以通过注重文化环境的营造、多元化的策划与管理、社会参与和市场化运作以及评估与改进，有效促进非遗传承基地的发展，推动成都非遗教育传承的多维路径，具体内容如下：

非遗传承基地的建设需要注重文化环境的营造。基地要有浓厚的文化氛围，可以通过建筑设计、景观布置、展览陈列等方式体现非物质文化遗产的特色和魅力。同时，基地还可以开展各类文化活动和展览，吸引更多的公众参与，增强非遗传承的影响力和吸引力。

非遗传承基地的运营需要强调多元化的策划与管理。基地可以与相关的文化机构、教育机构、旅游机构等进行合作，共同开展非遗传承项目和活动，实现资源共享和优势互补。此外，基地还可以通过举办培训班、讲座、工作坊等形式，提供非遗传承的专业知识和技能培训，培养更多的非遗传承人才。

非遗传承基地的运营要注重社会参与和市场化运作。基地可以与企业进行合作，开展非遗产品的设计、制作和销售，实现非遗传承与经济发展的有机结合。同时，基地还可以吸引社会资本的投入，通过出售门票、举办活动等方式获取经济收益，实现基地的可持续发展。

非遗传承基地的建设与运营还需要注重评估与改进。在基地的建设与运营过程中应不断进行评估和反思，及时发现问题并进行改进。此外，基地还可以与相关的研究机构合作，进行非遗传承的评估与研究，为基地的发展提供理论支持和指导。

图9　笔者进行调研时拍摄的图片

图10　笔者调研道明竹艺村时所拍

第三节　社区、民间组织等大众组织的保护和传承实践

《保护非物质文化遗产公约》第三章十五条，明确"社区、群体和个人的参与。缔约国在开展保护非物质文化遗产活动时，应努力确保创造、延续和传

承这种遗产的社区、群体，有时是个人的最大限度的参与，并吸收他们积极地参与有关的管理"。伴随着非物质文化遗产保护工作的不断展开，尤其是其所强调的"以社区为中心"原则的不断普及，社区在非物质文化遗产保护中的重要地位日益凸显，并逐渐成为非遗保护传承的新载体。"《操作指南》和三类申报表中也同样规定了应在社区的参与下完成材料的提交，同时需要提供具体证据表明相关社区以何种方式参与了申报文本的编制和项目保护计划的制订，以及如何承诺将继续参与相关保护措施的实施或如何表达分享优秀实践经验的意愿"。社区参与不仅是在非遗的发现、申报工作中具有主导权，更多的作用还在非遗的教育和传承。

2019年，在太湖世界文化论坛世界文化技艺（龙子湖）交流中心成立仪式暨中外文化交流高级别会议期间，围绕社会非遗保护，联合国教科文组织非物质文化遗产事务前负责人爱川纪子重申每一位社区居民都有义务去进行相关的保护，"因为非遗是代代相传的一种文化，是我们共同创造出来的非遗文化，这样的文化本身也为我们提供了一种身份认同感"。爱川纪子希望通过建立社区监督委员会来进一步提高社区非遗保护的专业性，同时，在道德层面进一步加强保护体制的完整性。

社区教育是实施终身教育和终身学习的重要载体，是提高社区居民文化素质、道德修养及生活质量的重要途径。社区培训基地是学校教育的延伸，通过把高校的专业建设、人才培养、文化育人、精准扶贫、创新作品研发转化等工作与社区学院的工作有机结合起来，达到资源共享、服务社会发展的目的。这些组织通过自发组织的形式，积极参与非遗项目的保护、传承和推广，为非物质文化遗产的传承提供了重要的支持和保障。

首先，社区组织在成都非遗传承中发挥着关键的作用。社区作为一个具有社会联系和组织力量的单位，可以发挥其独特的优势，组织和推动非遗项目的保护和传承。社区可以通过举办非遗展览、非遗体验活动等形式，让更多的人了解和参与到非遗项目中来，增强社区居民对非物质文化遗产的认同感和自豪感。同时，社区还可以建立非遗传承基地，提供场地和资源支持，为非遗传承者提供展示和交流的平台，促进非遗项目的传承和创新。比如湖南工艺美院推动社区教育体系建设，把湖湘非遗传统技艺引进社区成立社区学院陶瓷、竹艺培训基地；四川文化产业职业学院与成都市怡心街道骑龙社区建立巴蜀社区大学骑龙分院。国家政策鼓励职业学校积极参与社区教育和老年教育，与普通高校、开放大学（广播电视大学）、独立设置成人高校、各类继续教育机构互联互通、共建共享，形成服务全民、终身学习的发展合力。社区大学项目作为职业教育"提质培优"的重要组成部分，其根本任务是建立面向地区、服务地区的高等教育的新路径，适应地区经济和社会发展对高等职业技术教育的需求，以"职业"+"社区""文化"+"社区"等多种模式服务社会。

图11　四川文化产业职业学院与社区合作建立巴蜀社区大学骑龙分院

其次，民间组织也在成都非遗传承中发挥着重要的作用。民间组织通常由一些非遗爱好者或专业人士组成，他们有着丰富的非遗知识和经验，能够提供专业的指导和支持。民间组织可以通过组织培训班、研讨会等形式，传授非遗技艺和知识，培养更多的传承人和爱好者。此外，民间组织还可以与相关机构合作，共同开展非遗保护和传承的项目，共同策划展览、演出等活动，扩大非遗的影响力和传播范围。

成都市青羊区清源社区成立于2017年3月，位于成都西三环外侧，辖区

1.51平方公里，常住人口4.7万，社区成立之初就将社区文化建设纳入第一个五年计划。2017年，社区成立了清源刺绣中心和龙门茶艺工作室，在非遗传承方面进行探索。经过项目设计、资源引入，对机构进行赋能，并在此基础上进行市场调研，研发新的文创产品，保证非遗项目的可持续发展。2020年，清源文创美学生活馆建成，成立同音琴社，并融入茶艺、刺绣、古琴、旗袍等传统文化元素，打造生活消费场景。社区还通过开展邻里互助活动和公益性课程传播非遗文化，每一次邻里活动都是接触非遗文化的机会，每一次公益性课程都是系统学习非遗文化的过程。经过五年的发展，清源让非遗在社区扎根，让"非遗进社区"成为一种传播非遗文化的途径。该社区案例成为2022年四川省"非遗在社区"十大优秀案例之一。

图12　2023年成都市高新区社区元宵游园会

在社区和民间组织的保护和传承实践中，需要政府的支持和引导。政府可以通过制定相关政策和法规，为社区和民间组织提供资金和资源支持。同时，政府还可以加强对非遗项目的宣传和推广，提高社会的关注度和参与度。此外，政府还可以建立非遗传承的评价和认证机制，支持和激励非遗传承者与组织的努力和成果。

第四章

教育强国：教育体系中的非遗传承

第一节　学校教育的非遗传承与创新概述

"重教尚学是中华民族世代传承的优良传统，是中华民族生生不息的内在动力。"2023年9月16日在《求是》刊发的《扎实推动教育强国建设》文章中提到，"建设教育强国是全党全社会的共同任务。我们要发挥好教育强国在整体强国目标体系中的基础性、先导性、战略性作用，建立健全党组织统一领导、党政分工合作、协调运行工作机制，不断加快提升学校办学治校水平，督促学校肩负起高质量发展的主体责任"。党的十八大以来，党中央坚持把教育作为国之大计、党之大计，做出加快教育现代化、建设教育强国的重大决策，推动新时代教育事业取得历史性成就、发生格局性变化。党的二十大报告指出，坚持和发展马克思主义，必须同中华优秀传统文化相结合。只有植根本国、本民族历史文化沃土，马克思主义真理之树才能根深叶茂。非物质文化遗产作为优秀传统文化代表，通过教育传承的方式，可以更好地推动与实现传统文化的创造性转化与创新性发展。

2017年，中山大学非物质文化遗产保护中心组织开展了非遗学科化的专门研讨；2021年3月，教育部将"非物质文化遗产保护"列入普通高等学校本科专业目录的新专业名单；同年4月，国务院学位委员会下发了《关于推动部分学位授予单位开展非物质文化遗产方向人才培养试点工作的通知》；同年8月，中共中央办公厅、国务院办公厅印发《关于进一步加强非物质文化遗产保护工作的意见》，明确提出"加强高校非物质文化遗产学科体系和专业建设，支持有条件的高校自主增设硕士点和博士点"；2021年10月，国务院学位委员会批准天津大学设置全国首个非物质文化遗产学交叉学科硕士学位授权点，展现了非遗保护科学体系需要学校的力量，完成教材编写、课程设计、专业建设、师资队伍培养等，形成专业的教育体制。

一、政策引领：学校教育中非遗传承与创新的动力

非物质文化遗产是优秀传统文化的重要组成部分。《保护非物质文化遗产公约》于2003年在联合国教科文组织第32届大会上通过，公约中出现如下阐述："保护"指确保非物质文化遗产生命力的各种措施，包括这种遗产各个方面的确认、立档、研究、保存、保护、宣传、弘扬、传承（特别是通过正规和非正规教育）与振兴。它明确提出了通过正规教育即学校教育来促进"非遗"的传承和传播。为了继承和弘扬中华民族优秀传统文化，促进社会主义精神文明建设，加强非物质文化遗产保护、传承教育，2011年由第十一届全国人民代表大会常务委员会第十九次会议通过了《中华人民共和国非物质文化遗产法》，其第三十四条指出学校应当按照国务院教育主管部门的规定、开展相关的非物质文化遗产教育。其从法律的层面要求学校在非物质文化遗产传承发展中发挥作用。国务院办公厅关于转发文化部等部门中国传统工艺振兴计划的通知（国办发〔2017〕25号）关于促进社会普及教育，继续开展非物质文化遗产进校园等活动，支持各地将传统工艺纳入高校人文素质课程和中小学相关教育教学活动；支持大中小学校组织开展体现地域特色、民族特色的传统工艺体验和比赛，提高青少年的动手能力和创造能力，加深对传统文化的认知。鼓励有关部门和社会组织积极参与或组织传统工艺相关活动，充分发挥各级公共文化机构的作用，依托公共文化服务场所，积极开展面向社区的传统工艺展演、体验、学习、讲座、培训等各类活动，使各级公共文化机构成为普及推广传统工艺的重要阵地，丰富民众文化生活，增强传统工艺的社会认同。

《关于实施中华优秀传统文化传承发展工程的意见》（2017）中提到贯穿国民教育始终，围绕立德树人根本任务，遵循学生认知规律和教育教学规律，按

照一体化、分学段、有序推进的原则，把中华优秀传统文化全方位融入思想道德教育、文化知识教育、艺术体育教育、社会实践教育各环节，贯穿于启蒙教育、基础教育、职业教育、高等教育、继续教育各领域。以幼儿、小学、中学教材为重点，构建中华文化课程和教材体系。编写中华文化幼儿读物，开展"少年传承中华传统美德"系列教育活动，创作系列绘本、童谣、儿歌、动画等。修订中小学道德与法治、语文、历史等课程教材。推动高校开设中华优秀传统文化必修课，在哲学社会科学及相关学科专业和课程中增加中华优秀传统文化的内容。加强中华优秀传统文化相关学科建设，重视保护和发展具有重要文化价值和传承意义的"绝学"、冷门学科。推进职业院校民族文化传承与创新示范专业点建设。丰富拓展校园文化，推进戏曲、书法、高雅艺术、传统体育等进校园，实施中华经典诵读工程，开设中华文化公开课，抓好传统文化教育成果展示活动。研究制定国民语言教育大纲，开展好国民语言教育。加强面向全体教师的中华文化教育培训，全面提升师资队伍水平。

为深入贯彻习近平新时代中国特色社会主义思想以及党的十九大和十九届二中、三中全会精神，落实中宣部、文化和旅游部、财政部《非物质文化遗产传承发展工程实施方案》有关要求，推动曲艺类非物质文化遗产传承发展，2019年7月，文化和旅游部制定了《曲艺传承发展计划》（文旅非遗发〔2019〕92号），在其主要任务中提到需要扩大传承队伍，提高传承能力。指导曲艺类非遗代表性项目保护单位制订年度传承人才培养计划，定期招收学员，组织授徒传艺，不断壮大青年传承队伍。鼓励中青年传承人重视并加强曲艺基本功锻炼，扎实掌握表演技巧，全面领会曲种特点，切实传承曲种精髓。支持各级代表性传承人切实履行传承义务，培养后继人才。建立学徒名单备案更新制度。鼓励技艺精湛、符合条件的曲艺类非遗中青年传承人，申报并进入各级非遗代表性传承人队伍。以中国非遗传承人群研修研习培训计划为依托，面向曲艺基层表演团体和从业艺人，开展传承人群研修研习培训，帮助提高文化素养、演出水平和创作能力，更好地适应现代演出市场需求。鼓励民间曲艺工作者积极开展授徒传艺。鼓励曲艺类非遗代表性项目保护单位、相关机构与专业艺术院校或艺术职业院校开展"订单式"人才培养，建立长期合作机制。

科技部等六部门印发的《关于促进文化和科技深度融合的指导意见》的通知（国科发高〔2019〕280号）中提到加强智库建设和人才培养。建立文化和科技融合决策咨询机制，研究文化和科技融合发展现状、趋势，研判世界文化科技新方向，定期报告国内外文化科技创新动态，提供准确、前瞻、及时的政策建议。加快建设文化和科技融合创新领军人才和高技能人才队伍，加快复合型、创新型、外向型文化科技跨界人才的培养，鼓励国家文化和科技融合示范基地和企业与高等院校、科研机构共建人才培养基地。

二、体系建设：学校教育在非遗传承与创新中的作用

对知网上100多篇关于以学校教育传承平台实现非遗传承创新文献进行分析，学校教育在非物质文化遗产的传承与创新中扮演着重要的角色。将非物质文化遗产纳入教育体系是非物质文化遗产保护和传承的新途径，也是丰富非物质文化遗产事业的新突破。基于中国知网数据库的期刊文献，运用引文空间和中国知网计量工具，梳理了我国近二十年非物质文化遗产教育研究脉络。研究内容主要有非物质文化遗产与教育的关系、非物质文化遗产传统传承方式与现代教育制度的嫁接、非物质文化遗产课程与教学、非物质文化遗产师资队伍建设与教育文化场域营造等。高校领域设置非遗学科问题日渐引起人们的关注，韩国的案例或许可供借鉴。韩国的非遗保护起步于二十世纪六七十年代，2000年后经历转型，非遗教育从单纯的指定传承人传授教育，发展为包括技艺传承人教育、专门人才培养和社会普及教育在内的"非遗教育铁三角"，形成了传授教育和学科教育并进的双轨制模式。其中，高校学科教育不仅承担了提升传统传授教育的职能，而且致力于培养符合新时代文化传承需要的非遗专门人才。目前的学科设置表现出跨学科融合和突出优势学科的特点，在人才培养上重视实践能力和专门能力的培训，还存在学科独立性模糊和理论建设不足等问题。有基于"两创"视角，非遗教育面临文化选择标准模糊、创造创新方式不明、课程建设能力不足、创新型专业师资匮乏和数字化建设滞后等现实困境。其优化路径主要包括：以学术研究、团队合作和尊重受教育者主体性等方式明

确"两创"非遗教育的文化选择标准；在教学目标设计、教学案例库建设、教学技术手段运用和教学评价细则制订等方面纳入"两创"维度以优化"两创"非遗教育的教学设计；通过打造核心课程与示范课程、开发在线课程和加强隐性课程建设来提升"两创"非遗教育的课程建设能力；通过师范教育改革、地方与校本师资培训和非遗传承人申请教师资格等加强"两创"非遗教育的师资队伍建设；数字化赋能"两创"非遗教育等。天津大学首批"非物质文化遗产学系列教材"编委会主任、系列教材总主编冯骥才先生针对教材建设提出首要任务是为非遗建立完整的知识体系和严谨明晰的理论体系，这是教学的根本，也是学术的根基。非遗学学科教材初步设计为十四种，第一批三种，分别为非遗学、民间文艺学和传承人口述史。第二批、第三批陆续启动。计划中有文化遗产学、田野调查方法、传统村落保护、视觉人类学等。通过学科建设实现非物质文化遗产的保护传承，完成非遗学的三项核心工作是立档、保护和传承，围绕这三项工作进行非遗专业课程设置和人才培养，是非遗工作实际更是核心的教学和科研内容。

在"双减背景下"以非遗资源的小学课后服务为研究对象，调查结果显示：非遗融入小学课后服务取得的成效包括，挖掘地方资源、打造特色课堂；引入非遗专家，助力课后服务；传承创新非遗，构建校本特色；促进学生全面发展，提升文化自信。[①]体育非遗项目注入学校教育就是与校园共存，是共生的主体，两者彼此联系，有很大的共生密度，包括共生研究视角，从共生体系所构成的共生单元、共生界面、共生模式和共生环境四个要素。在文化认同视域下，明确学校、教师、学生三个主体的责任，为民族音乐文化传承指明方向，创造良性运行的"大手拉小手"式教育系统联动传承机制。

以上研究说明在学校教育发展背景下，学校教育融入非遗传承与创新有多元应用与功能，在不同年龄层、不同学科、不同发展要求下通过学校教育学生可以系统地学习和了解非遗项目的知识、技能和价值观念，培养对非物质文化遗产的认同感和保护意识。同时，学校教育也为非遗传承的创新提供了平台和

---

① 周星兆.·"双减"背景下非物质文化遗产融入小学课后服务的实施现状研究[D].西宁:青海师范大学，2023.

机会。学校教育通过非遗课程的设置和教学，将非物质文化遗产融入学生的学习中。首先，在历史、文化、美术等课程中，可以引入非遗项目的相关内容，让学生了解非遗的历史渊源、传统技艺和文化内涵。通过实地考察、亲身体验等方式，让学生亲近非遗项目，感受其独特之处，培养对非遗的兴趣和热爱。

其次，学校教育可以开展非遗项目的传承与创新实践活动。通过组织学生参与非遗项目的实践活动，如传统手工艺品制作、非遗表演等，让学生亲自动手、亲身体验非遗技艺的传承过程。同时，也可以鼓励学生创新，将传统非遗与现代元素结合，创造出新的非遗作品和艺术形式，推动非遗的传承与发展。拓展了非遗受众人群，为非遗传承发展培育更多后备力量；丰富了非遗文化传播方式，有利于非遗保护传承；有效结合学科特点，增强传播效果；多方位展现非遗价值，有利于培养学生的非遗保护意识。

然而，学校教育的非遗传承与创新也面临一些挑战。比如，学校教育的非遗课程设置和教学资源有限，需要加强相关的师资培训和教育资源的建设[1]。根据杜威的实用主义教育理论和泰勒的课程与教学的基本原理，非遗校本课程实施的过程应是交互的过程。[2]学校教育的非遗传承与创新需要与社会、家庭等其他环境因素相结合，形成多元化的非遗教育体系，实现全方位的非遗传承与创新。

综上所述，学校教育在非物质文化遗产的传承与创新中具有重要的作用。通过非遗课程的设置和教学、传承与创新实践活动的开展等学校教育，可以培养学生对非遗的认同感和保护意识，激发他们的创造力和创新精神，推动非遗的传承与发展。

三、成都市"非物质文化遗产进校园"的现状

据成都市教育局发布的统计数据，截至2023年6月30日，成都市小学数

---

[1] 周星兆. "双减"背景下非物质文化遗产融入小学课后服务的实施现状研究[D]. 西宁:青海师范大学, 2023.

[2] 欧素菊. 小学非物质文化遗产校本课程实施的问题与对策研究[D]. 桂林:广西师范大学,2022.

量636所，招生人数22.29万，在校生人数118.06万；初中学校467所，招生人数16.21万，在校生人数47.57万；高中学校175所，招生人数13.31万，在校生人数40万；中等职业教育学校83所，招生人数7.93万，在校生人数19.15万；高等院校65所，在校生人数110.6万。

自2014年成都开展"非遗进校园"活动以来，由中共成都市委宣传部、成都市精神文明建设办公室、成都市教育局、成都市文化广电新闻出版局共同联合培育了20所非遗传承基地学校和20所川剧特色学校，在逐步引领非遗传承教育活动。以成都为基点的四川部分区域正通过加大课时投入、平台的搭建以及开展因地制宜的教育实践方式，极力推动着非遗传承教育从一时一地转变为常态化普及教育，使其在校园生根发芽。

（一）非遗基地学校情况

成都市非遗基地学校分布情况如下：

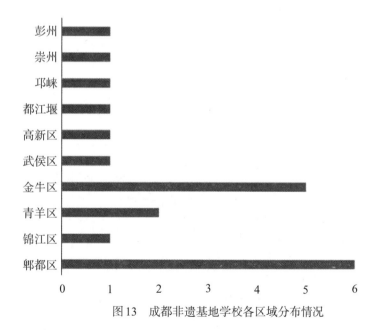

图13　成都非遗基地学校各区域分布情况

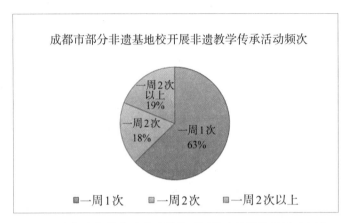

图14　成都市部分非遗基地学校开展非遗教学传承活动频次

经调研，成都市非物质文化遗产传承教育涉及的中小学社团形式的人数及占比如图15所示。

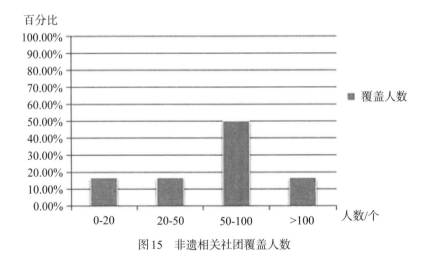

图15　非遗相关社团覆盖人数

经调研发现，成都市非遗基地学校一直秉持着传承非遗、延续文化的精神，以多种组织形式和活动全面落实传承工作。组织形式包括但不囿于社团，如成都市第52中学专门设置女生绣坊班级，招收个性女孩，在参与蜀绣传承的大集体中实现自我价值。郫县友爱职业技术学校将同学分为专业组和兴趣组，细化非遗传承人，以实现具有针对性的传承效益，专业组在和兴趣组一样一周四次的练习基础之上还外加了一周四节的专业课。崇庆中学附属初中也将非遗传承分为专业组和非专业组，专业组的人员来自初一到初三三个年级，其中人员主要来自低年级。

（二）非基地学校、中小学情况

目前成都开展了"非遗进校园"工作的学校达200余所。在2019"文化和自然遗产日"成都主场活动中，开展了2019全市"非遗进校园"教学成果展和征文比赛暨"我是非遗小传人"万人签名活动。在糖画、蜀绣、棕编、皮影、剪纸、瓷胎竹编、面人、绳编结艺、金钱板、川剧、四川清音、木偶长绸舞等方面的非遗传承人进驻校园授课。

此外，成都市还以多种多样的方式推进非遗进校园，其中包括"非遗进校园"传统表演艺术教学成果展演、"非遗进校园"传统技艺教学成果展示、授课传承人技艺展示、"非遗进校园"范文展示等。

具体如下：

（1）通过2019年"非遗进校园"传统表演艺术教学成果展演活动集中展示了来自10所学校和机构12个节目的精彩演出，涉及小金龙龙舞、四川扬琴、金钱板、木偶长绸舞、四川清音、蛾蛾灯、川剧等成都非遗项目。

（2）成都市传统技艺教学成果展进校园活动开展以来共计来自15个区市县22所学校参加展示，参与的学生人数达200人，参展的手工技艺项目包含陶艺、剪纸、瓷胎竹编、面塑等15余种。以锦江区展览区为例，成都市锦官驿小学的同学们现场为领导嘉宾们演示棕榈编织的技巧，让学生在学习了解制作的过程中启发思维，培养兴趣爱好。不少市民跟着同学现场创作，得到了在场嘉宾的一致好评。

（3）授课传承人在各自所授课学校开展教学之外，根据青少年的生理心理特点，编写教材、选拔苗子、组建相关的艺术团，指导学校购买练习所需的道具、服饰、乐器，租借演练室等，系统地传授相关基础知识和文化。以川剧传承人为例，传承人帮助学校策划开辟校园川剧长廊，营造川剧文化氛围，使得师生在潜移默化中受到影响；同时利用现代传媒教学手段，通过有奖知识竞赛、音频视频、图集展等方式，增强教学活动的趣味性以及学生互动的积极性，使川剧文化深入走进校园，走进课堂，走进师生，极大地拓展学生的学习兴趣，使校园文化得到更高层次的提升，为川剧的传承发展事业储备后继人才。

（4）在征文比赛这种进校园传播形式中，鼓励中小学生以绘画、作文、漫画等形式记录自己接触过的非物质文化遗产项目，以"我与非遗的故事""发现非遗之美""我身边的非遗"等为主题进行创作，优秀作品还将被编辑成册，在后续的成都国际非物质文化遗产节上进行展览。

（5）由政府相关组织联合举办活动进校园。如2018年由成都市非物质文化遗产保护中心联合区文化馆举办的"畅游成都 体验非遗" 2018传统表演艺术走基层活动，在外国语小学、大弯小学，艺术家们为师生表演了精彩的戏剧演出，通过这种形式的活动让非遗在学校"活"起来，使更多优秀传统文化得到普及、传承和弘扬。

（6）由区县政府邀请行业协会专家进行的非遗进校园形式也激发了学生对传统艺术的浓厚兴趣，培养了学习的热情。成都市上安镇邀请书法协会著名专家以及非遗剪纸传人在上安镇学校开展非遗进校园活动，使得学生们近距离感受书法和剪纸艺术的独特魅力，增强学生的文化自信和爱国情感，在校园文化氛围提升方面起到了良好的助推效果。

（7）学校博物馆建设。博物馆是社会文化情境的表征。中国学校博物馆的兴起表征了中国教育的历史文化基础和当代社会语境下教育发展的需要。学校博物馆的出现得到了两股力量的支持：宏观教育政策对博物馆资源进入正式教育体系的鼓励和学校自发塑造更公平、更优质的教育体系的需要。通过建设博物馆这一校园新景观，学校将社会文化情境融入学校教学，加强了学生的身份认同，塑造了学校的文化品牌，促进了学校与社会的教育共治，即博物馆带来了更多社会群体对学校发展的支持，而学校通过博物馆履行着社会文化传承的使命。

（三）高校传承情况

文化和旅游部公布的2018年度中国非物质文化遗产传承人群研修研习培训计划参与院校名单中，四川有四所高校入选，分别是四川大学、西南民族大学、成都纺织高等专科学校以及四川艺术职业学院。四川大学已经开展了针对绵竹年画、道明竹编非遗传人的研培活动，西南民族大学已开展了羌绣、唐卡等非遗传人的研培活动，成都纺织高等专科学校针对藏绣和彝绣的从业者进行了普及培训，四川艺术职业学院的研培重点放在了川剧表演上。

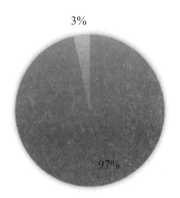

图16　成都非遗传承人研修研习培训计划占比情况

四川大学为非遗传承构建了"通识教学+专业教学+实践"的教学体系，注重理论与实践相结合，课堂教学、参观学习、展示交流并举，在传统制作技艺不改其本的基础上，为参训学员提供一个文化素质提升和技能交流的平台。四川大学、西南民族大学、成都纺织高等专科学校首期普及培训班结束后，继续实施2016年非遗传承人群普及培训计划，面向全省陆续举办年画剪纸、传统竹编、传统陶艺、西南民族服饰、藏族唐卡、民间刺绣、民间印染等培训方向的普及培训班。四川也因此成为文化和旅游部确定的全国非遗传承人群培训六大基地之一，重点为中西部地区培训非遗传承人才。四川文化产业职业学院在非遗调研及科研、"政行校企研"五轴联动合作体制创新、非遗普及推广、非遗传承教育、非遗衍生创意转化、非遗社会服务、非遗教育教学条件建设等方面取得了137项成果。四川大学锦城学院成立了四川大学锦城学院非物质文化遗产研究院。四川电影电视学院的学生在老师指导下完成的成都糖画、川剧变脸等非遗项目以动画形式被搬上了电视荧幕。经调研统计，成都市开展非物质文化遗产传承教育活动的高等院校有32所。非遗传承教育通过在相关高职、普通高等院校开展文化体验活动、竞赛等形式进入大学校园，在学生爱国主义情怀的根植、理想信念的培养、品德修养的加强、工匠精神的弘扬、综合素质提升等方面起到了积极的教育传承作用。

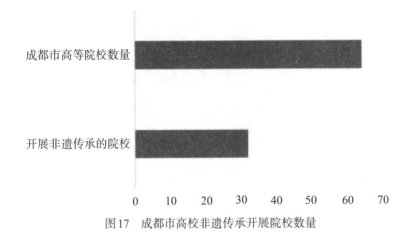

图17　成都市高校非遗传承开展院校数量

第二节　中小学青少年非遗素质培养思考

在青少年培养中，我们经常看到培养他们的身体素质、情感素质、思想道德素质、心理素质、音乐素质、耐力素质等多种素质。青少年是非物质文化遗产传承的重要群体，他们既是传承者，也是未来的保护者和传播者。在非遗学科化背景下，青少年对非物质文化遗产的传承需要相应的知识技能素质作为支撑，因此，有必要培养和增强青少年的非遗素质——一种以非遗为特质定义的综合素质。根据经济合作与发展组织在"教育2030：未来的教育和技能"项目中提出的"学习框架2030"的概念，培养青少年非遗传承能力可从知识、技能、价值观、态度四类因素出发。

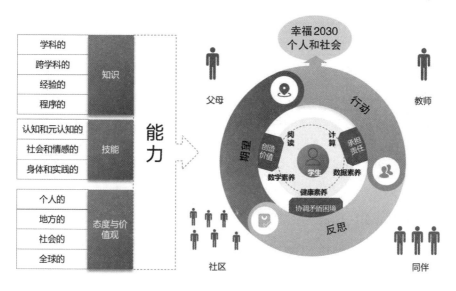

图18　OECD学习框架2030

一、非遗素质的内涵

非遗素质是指对非遗知识、技能、价值观、参与态度等多方面的综合素养。具体而言，包括以下四个方面：

非遗基本知识：了解非遗的定义、分类、特点及其在社会发展中的作用等。

非遗技能：掌握非遗相关的技艺、手法和表现能力，如剪纸、年画制作、民族舞蹈等。

非遗价值观：认同非遗所蕴含的文化价值、艺术价值和人类价值，尊重非遗的多样性和差异性。

非遗参与态度：愿意积极参与非遗传承、保护和推广工作，关注非遗的动态和发展。

二、青少年非遗素质培养策略

理论与实践相结合。青少年通过学习非遗的理论知识，了解其价值和意义，培养对非遗文化的兴趣和认同感。同时，通过实践活动，如参与非遗项目的制作、表演或传承活动，亲身体验非遗文化的魅力，增强对非遗文化的情感认同。

团队合作与交流互动。通过组织青少年参与非遗项目团队，让他们在合作中学习与他人沟通，培养协作和解决问题的能力，培养团队意识和集体荣誉感。同时，通过与其他团队或地区的青少年进行交流互动，促进文化的多元交流与融合。

个性与创新培养。青少年在传承非遗的过程中，应鼓励他们发挥自己的创造力和想象力，将传统文化与现代元素相结合，创作出具有个人特色的作品。同时，通过培养创新意识和创新思维，引导青少年在传承中发现问题、解决问题，为非遗文化的传承与发展注入新的活力。

跨学科的综合教育。非遗的传承涉及多个学科领域，如历史、艺术、人文等。因此，在培养青少年的非遗文化素质时，应注重跨学科的综合教育，将非遗文化融入各个学科的教学中，使青少年能够全面了解和学习非遗文化。

针对青少年非遗素质的培养，具体可以通过以下几个方面进行：

完善课程体系：将非遗内容纳入学校教育课程体系，确保学生在校期间能接受系统的非遗教育。

加强师资培训：组织教师进行非遗知识、技能和教学方法的培训，提高教师开展非遗教育的能力。

开展实践活动：组织学生参与非遗实践活动，如非遗项目体验、传承人交流、非遗文化节等，让学生在做中学、学中做。

发挥社会力量：鼓励社会各界力量参与青少年非遗文化素质培养工作，如开展非遗进校园活动、创办非遗文化社团等。

家校共同参与：加强家庭教育中对非遗文化的传播与引导，鼓励家长与孩子共同参与非遗活动，增进亲子关系与文化传承。

三、青少年非遗文化素质培养的挑战与展望

在青少年非遗素质培养过程中，可能会遇到以下挑战：非遗知识的普及程度不足；教师与学生的观念转变与接受程度有限，专业化程度参差；资源投入与政策支持的不足；现代科技手段对传统文化的冲击等。

面对这些挑战，今后仍需深入研究青少年非遗素质培养的理论体系，明确培养目标、内容和方法。结合青少年的年龄特点和兴趣爱好，创新教育方式和手段，使非遗教育更具吸引力和实效性。建立健全政策法规体系，为青少年非遗素质培养提供有力保障和指导方向。还可以利用现代科技手段，拓展非遗传播途径和影响力，促进传统文化与现代社会的融合发展，推动中华民族优秀传统文化的传承与发展。

第三节 高职院校的非遗传承"三体模式"
——中国娃娃非遗课堂为例

高职院校作为新时代发展中的类型教育，可以与非物质文化遗产融合发展，通过"三体模式"推进落实非物质文化遗产的传承、传播与发展。"中国娃娃非遗课堂"为四川文化产业职业学院针对高校社会服务职能，将高校非物质文化遗产研究服务于基础教育的实践活动，于2014年成立，非物质文化遗产传承效果卓有成效，人才培养效果明显。

"中国娃娃非遗课堂"的提出对"非遗进校园"非物质文化遗产传承模式的设计规划提供了一个新的方案，同时对高校非物质文化遗产研究的科研成果转化、服务社会提供了一个新的途径：高职院校非遗教育传承的"三体模式"，即高职院校教师与学生的"师+生+传承人"身份三者为一体，非遗项目的教育、传承、传播为一体，基础教育到高等教育到社会教育为一体。

一、实现"师+生+传承人"身份三者为一体

孙传明提出传承人群是非物质文化遗产保护与传承工作中的推动者和创新者，是非物质文化遗产最重要的活态元素。根据高职院校其特定的教学特点、学情特点，在校内引入非物质文化遗产的教育，培养校内传习人，解决在非物质文化遗产传承的过程中传承人群人才断层的问题。课程组在经过前期田野调查与科学实践之后，通过自主培养或引入传承人、大师在校内开展传习培训，

形成了一支具有非物质文化遗产实践技能与理论基础的教师团队及学生社团，完成师资储备。

通过第二课堂、社团活动、专业课等方式，对在校大学生开展非遗课程教育，包括非遗技能、非遗精神等各个方面。目前已开设的包括盘扣艺术、编结艺术、夹江竹纸创新技艺、剪纸艺术、古典舞等各类课程，培养学生技艺有专攻。

以学生社团活动的形式，与教师一起走进基教，培养青少年，做好榜样作用，将"正规和非正规教育"同步落实，达到"见人见物见生活"的生态保护方式。从邢艺漾[1]《非物质文化遗产校园传习人身份认同的现状及提升路径》中可以看到："校园非遗传习人对自身的身份认同处于中等偏上"，但是在"是否继续学习技艺方面"存在显著差异，有"责任意识淡化"等问题。"中国娃娃非遗课堂"通过将校园传习人与公益课堂相结合，一方面提升校园非遗传习人的自我认同感，强化其责任意识；另一方面通过"教学相生"的实践理念，校园传习人会进一步主动提升自身技能水平，加强实践锻炼，整体向上发展。学生社团也在非物质文化遗产传承的集体行为中，同步培养了他们的团队合作意识。

据不完全统计，2014至2020年，每年参与"中国娃娃非遗课堂"的青年大学生志愿者超过200名，而学生志愿者主动组织参与非物质文化遗产项目体验活动的超过100人。在社区实践中，大学生带"小"朋友、"老"朋友等完成刺绣、川剧脸谱绘画、香囊制作等各类活动，获得广泛好评。由此衍生培养的大学生志愿者团队、暑期三下乡社会实践团队等十余支。另外，鼓励学生团队针对自身熟悉的非物质文化遗产项目自主设计线上课程，针对民俗、民间手工艺的微课设计，从脚本撰写、课程设计、课程资料筹备、道具设计制作、课程拍摄等均由学生自主参与，指导老师提供建议，最终设计的课程免费提供给对口帮扶的区域学校，扶志扶智，丰富留守儿童"第二课堂"，受到当地村民的广泛好评。

---

[1] 邢艺漾. 非物质文化遗产校园传习人身份认同的现状及提升路径[D]. 长沙:湖南农业大学,2019.

二、开展中国娃娃非遗教学实践实现非遗项目的教育、传承、传播为一体

课程组通过编写教材训练手册以及大量的课堂实践，对课程不断打磨升级，形成系列以非物质文化遗产民间美术、传统手工技艺、民俗与民间文学、体育等为主要课程内容的特色小品课，比如巴蜀文化中的《竹纸制作技艺》《川剧》《蜀绣》《糖画》《剪纸》《太极》等国家级非物质文化遗产，每种课程体量设计为20课时，涵盖巴蜀文化精神讲解、技艺理论认识、实际操作、课后反馈四个环节。课程组组织教师团队根据课程内容设计安全便捷的课堂教具与实践工具。课程中结合基础教育儿童心理特点及学习特点，以"1+2"模式即以"一项非物质文化遗产项目+双语教学"的模式走进中小学课堂、走进社区开展非物质文化遗产传承教学，将高校非物质文化遗产研究课程转化为基教非物质文化遗产力量，推动"非物质文化遗产进校园"的路径引入与传播，同时对校园文化建设、社区文化建设提供有力支持。

此外，随着新媒体手段的应用与知识分享经济的兴起，学生自主开发设计非物质文化遗产手作课程在线上平台的宣传推广，可以在更好地全方位培养学生社会实践能力的同时，加强当代大学生对文化传承普及的主动性，缓解就业压力。

三、开展非遗教学实践实现基础教育到高等教育到社会教育为一体

高校的社会服务职能能在满足本校学生学习技能提升的同时，辐射周边基础教育及社区教育。早在2007年，时任总理温家宝在观看中国非物质文化遗产专题展时指出：通过非物质文化遗产教育可以激发学生热爱祖国、爱好和平、勤劳勇敢、自强不息的伟大民族精神，促进未成年人爱国情感、民族精神、远大志向、行为习惯与良好道德品质的形成。

（一）在基础教育环节

通过"中国娃娃非遗课堂"走进成都市实验小学等项目，开展丰富多彩的

非遗教育。小学阶段正是对新鲜事物好奇心强、充满兴趣、易于接受的时期，此时在小学生的心灵里播下非遗保护的良好种子，建立非遗传承的长效机制，是保护非遗最为根本和有效的办法。

青少年通过对非物质文化遗产的认识与了解，提升了民族自尊心与自信心。在中国式现代化教育建设要求中，将非物质文化遗产课程向基础教育渗透，从基础教育到职业高中/高中到大学（普通、职业）纵向联系，对后续技能型学生选择升学途径提供了基础。

（二）在社区教育环节

"中国娃娃非遗课堂"走进社区，从2014年至今，进驻社区十余个，开展各类非遗主题活动，学生通过策划、组织、实践社区互动，开展如打造社区文化生活，满足青少年社区文化需求等教育活动。"中国娃娃非遗课堂"进入社区开展各类传统文化实践活动，包括端午民俗活动体验、非物质文化遗产日宣传推广活动、二十四节气民俗等民俗体验活动，2014—2020年，团队走进社区开展非物质文化遗产类民俗活动约200场。据统计，大中小学生每年有170多个节假日和休息日在社区。假期时间增多，学生群体逗留在社区的时间相对较长，而社区文化需求的多样性对服务青少年的社区文化建设提出新要求。学生可通过在社区体验非遗项目，将学生在社区内的空闲时间有效利用起来，提升他们的社会交往能力，满足学生在社区生活中多层次的文化需求，降低"文化断层""文化荒漠"等现象发生的可能性。

另外，在校内培养当代大学生的综合素养的同时，对社区青年文化人才的培养也有积极的作用。有利于提升社区内整体文化素质，达到社区文化建设的目的，同时实现了非物质文化遗产传承群体扩大化的传承目的，更有利于传播优秀传统文化。

四、中国娃娃非遗课堂教学实践模型

综上所述，"中国娃娃非遗课堂"的教学实践，对课程组教师、参与实践的学生社团、青少年学生均带来了不同程度的益处。"中国娃娃非遗课堂"的实践初心为将高校非物质文化遗产研究成果转化为教学实践，课程组教师在不断实践中深化了非物质文化遗产教育的理解与认识，丰富了教学手段，有利于对非物质文化遗产项目的研究与保护，对课程组老师个人的成长与发展也有着积极的推动作用。学生通过非遗课程的学习，通过在课堂上、社团内、基地校、联系社区内开展实践，掌握了非遗技能，丰富了学习生活，在此教学实践模式基础上，对非物质文化遗产项目的普及推广效果发挥乘数效应，覆盖面广且深。如图19所示，以非物质文化遗产项目为心脏元素，围绕其进行传承人传习、大学生传承以及基础教育传承、社区教育传播，完成了非物质文化遗产传承的体循环功能。

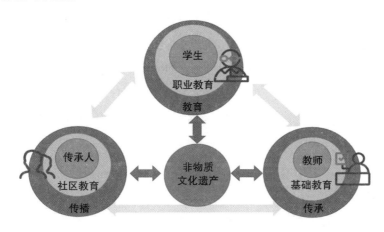

图19　中国娃娃非遗课堂教学实践模式示例

1."中国娃娃非遗课堂"教学目标：非遗传承与职业教育相结合，育人实现非遗传承

职业教育的显著特点是其专业性与职业性，学生既要学习知识与理论，更需要学技术与技能[①]。基于黄炎培"大职业教育主义"理论，"办职业学校的，须同时与一切教育界、职业界努力沟通联络，提倡职业教育的同时，须分一部分精神参加全社会的运动。"结合当代社会发展的需要，非物质文化遗产的传承发展需要，"中国娃娃非遗课堂"实现职业教育、基础教育、社会教育的一

---

① 刘红英. 中等职业学校"订单式教育"现状及对策研究[D]. 兰州：西北师范大学,2005

体化课程培养，专业课课程知识本领学习的同时实现非物质文化遗产的传承，将不同类别的非物质文化遗产根据职业院校专业特点，分别进行课程嫁接和实践检验。让学生在完成专业课程技能习得的同时了解非遗的形态、技能、内涵与审美，在作品呈现上可以展现丰富性、独特性。同时实现非物质文化遗产的教育传承，普及非遗知识，引导学生关注和保护中国传统文化遗产，让他们认识到保护非物质文化遗产的重要性。通过非遗项目与职业教育的双向联系，培养学生劳动光荣的价值观，践行社会主义核心价值观。

2. "中国娃娃非遗课堂"教学内容：基于职业场景，非遗+技能稳步提升

通过职业教育理论能力本位教育理论，"中国娃娃非遗课堂"的教育实践，高职院校学生基于专业职业场景，基于典型工作任务的细化，将非物质文化遗产技能技艺等贯穿教学内容。在职业跨界发展的背景下，比如从事服装设计师这一岗位的职业能力要求：艺术创意能力、手绘和电脑辅助设计能力、材料和工艺知识、服装工程学知识等专业技能。在原有课程基础上辅助专业课程外邀请青年艺术家、传承人进校开展非物质文化遗产传统美术类：剪纸艺术、年画艺术等，传统手工技艺：蜀绣、竹编等。学生在创作能力上可进一步得到提高，在提升自身服装专业所具备的技能同时对非物质文化遗产的传习效果得到进一步提高。

3. "中国娃娃非遗课堂"教学过程：教学相长，技艺传习

基于"中国娃娃非遗课堂"教学围绕文化艺术类高职院校专业的特点，在教学前期需要教师根据专业特点选择合适的、有共通性的非物质文化遗产项目类别进行甄选，明确课堂的教学目标、内容、方法，与邀请的非遗传承人做好沟通与安排，为授课做好准备。同时给学生准备相关的非遗项目介绍视频，拉近学生对非遗项目的认识与了解，在正式开展课堂教学时会有较好的课堂效果。在正式授课时，以传承人为主、任课教师为辅的方式与学生授课，重难点技艺由传承人集中展示，任课教师从旁协助沟通。非遗技能的习得更是需要学生自主学习，不断实践练习，在课后巩固所学内容。学生之间可以在技能习得后互相助力，指点交流，进一步提升技能水平。最终教学实践成果既是专业课堂成果，也是非遗传承作品。

4."中国娃娃非遗课堂"教学实践教学手段应用丰富

"中国娃娃非遗课堂"教学实践采用了丰富的教学手段，包括多方位、多模态、多媒体等方式，以帮助学生更好地理解和传承非物质文化遗产。在专业课堂上，老师会通过演示、讲解、展示、实际操作等方式向学生介绍非物质文化遗产项目的历史、文化背景、制作工艺等知识，同时也会邀请工艺大师、传承人和专家来给学生讲解和展示制作过程，并让学生亲自动手尝试制作，从而深入了解和体验非遗的魅力。教学场地多元化，课堂、社区、基地学校、传承工坊等都是课堂教学实践场地。此外，课堂还会通过视频、图片、音频等多种媒体形式进行辅助教学，使学习更加生动、有趣。比如在茂县凤仪镇小学开展的羌绣主题课堂，在成都实验小学开展的川剧脸谱、拼布艺术的课堂等，都是在学校内对学生先进行了技艺、技能、典故等教学后，再由教师及学生走进基教开展典故介绍、项目特点、具体技艺技能体验等。

5."中国娃娃非遗课堂"教学实践教学评价多元

（1）学生自我评价：学生在学习过程中会记录自己的学习情况，并根据自己的理解和掌握情况进行自我评价。

（2）教师评价：教师会对学生的参与度、表现、项目成果等进行评价，并及时反馈给学生。

（3）同伴互评：通过小组合作或互助学习，同学之间可以相互评价和提供意见与建议，从而促进彼此的成长。

（4）受众评价：大学生进行身份转化，在基础教育社会实践中担任教师角色和在社区教育担任传承人角色时，对此开展的非遗教育，将受到对方基地学校学生、教师、校领导、社区居民等对课程设计效果的评价。

（5）专家/传承人评价：在需要的情况下，专家也会对学生的制作技巧、文化知识等进行评价和指导，帮助学生更好地掌握非遗。

（6）社会评价：在大型活动、展会中开展的非遗项目实践，如在国际非遗节、文博会上展示的活动成果，受到社会评价。

6."中国娃娃非遗课堂"教学实践教学反馈满意度高

（1）家长和学生的反馈：教学过程中，家长和学生对课程内容、专业水平、教学态度等方面给予了积极的评价和建议。他们认为该课程能够提高孩子们的动手能力和创造力，同时也让他们更好地了解和传承中华传统文化。

（2）学生参与度：学生们在课堂上的积极性很高，他们踊跃发言、互相交流、认真制作，展示出了强烈的学习兴趣和自信心。

（3）学生成果展示：通过学生们的制作成果，可以看出他们在制作技巧、文化知识、创新思维等方面都有了显著的提高，这也是家长和学生们对课程效果认证、反馈的最好证明。

五、"中国娃娃非遗课堂"教学实践模式应用价值

"中国娃娃非遗课堂"教学实践模式作为高职院校非遗进校园的教学应用输出，将学生在课堂上所学的知识和技能应用在实际场景中进行实践探索和创造，让学生达到更深层次的理解和掌握，增强学生学习动机，提高教学效果，培养学生职业素养。

1.促进知识与实践的结合，有效提升学生技能本领

社会大众普遍对职业教育的社会地位和认同度不高，职校生缺乏自信，自我认同度低，有技能却不自知。非物质文化遗产项目本身具有技能型特点，传承人属于大国工匠。很多高职院校已将非物质文化遗产项目传承应用介入职业院校课程，而这些职业院校学生却是在课堂上第一次接触非物质文化遗产项目，学习过程中的场地特殊性、工具特殊性等因素，致使学习效果浅尝辄止，课程连续性与课程成果应用是一个问题。"中国娃娃非遗课堂"有效解决了这一问题，学生课堂的教学与实践不再局限于教室内或实训室内，将整体教育教学过程多元化，学习效果丰富化。同时，学生通过在社团、社区、基地学校的活动开展，进一步强化了自信心、自尊心，认同了自己的职业教育学习成果，满足了高职院校类型化人才培养的要求。

2.提高学生就业竞争力，丰富了高职院校人才就业选择

目前高职院校学生在面对就业选择时，较为上进与积极的学生会选择考取中小学教师资格证，掌握了一两项非遗技能，对于就业选择工作有了更多的底气。随着时代的发展，目前各类商业综合体、研学机构等将非遗项目体验内容作为卖点，相对应地对有非遗技能经验的人才有了更多的需求。此外，还有大量的毕业生选择自主创业，结合他们之前积累的非遗项目的经验及活动组织、

服务的成果，开设了活动策划公司等。

3. **进一步带动职业教育教学改革，实现文化艺术类高职院校类型化人才培养的要求**

在具体的课程设计和教学过程中，探索更加符合类型化人才培养要求的教学内容和教学方法，将非物质文化遗产的"技"与"神"传授给学生，让学生贴近实际情况进行学习和探索。同时积极鼓励普通教师转型为"双师型"教师。在职业教育类型化发展中，要求对"三教"的改革，对"双师型"教师的需求与日俱增，"双师"的定义包括"双重身份、双重能力、双重职称、双重证书"等，参与"中国娃娃非遗课堂"的教师可以借助校内平台通过正式及非正式学习掌握非物质文化遗产项目技能，为各类教师具备"双师"能力，实现"双师"认证提供支持。此外，"中国娃娃非遗课堂"积极整合和利用各类教学资源，与相关行业和企业进行深度合作，建立良好的产学研合作机制，促进教学与科研相互促进，提高教学质量。这一实践模式不仅有利于推广和传承非遗文化，也为高职院校培养具有高度文化素养和创新精神的应用型人才打下了坚实的基础。

六、需要进一步解决的问题

（一）师资问题

在"中国娃娃非遗课堂"实践中，鉴于非物质文化遗产项目传承场地、工序要求、工艺等的特殊性，有些非物质文化遗产项目难以开展。而一些非物质文化遗产的传承培训和实践需要教师长期跟随传承人进行学习，这令教师的时间投入、精力投入较大，不少教师中途放弃或者学习深度不够，不足以转化成教学师资。因此在教学实践中，要求进一步提升专业师资，第一，可以建立行而有效的校际传承制度，加强与非物质文化遗产传承人之间的联系与学习，可以通过项目制、外聘专家、人才引进等方式。引进的青年传承人等专业人才在校内传承非物质文化遗产项目的同时培养校园传习人，通过三年的教学实践提升学生技能，提升学生对非物质文化遗产技能的掌握、巴蜀文化精神内核的认识，提升自我成就感。

第二，对校园传习人进行培养与转化。校园传习人在校内经过三年的培养后，根据实际情况，有部分学生会凭借三年来掌握的非物质文化遗产项目技艺选择自主创业，这类学生根据实际能力可以转化为第一种情况下的青年传承人，继续进行校际合作。此外，也可以实现校内非遗传习所"传帮带"的效果。

（二）加强课程体系建设

"中国娃娃非遗课堂"的课程目前以高职院校专业课程为主，以社团课程活动为辅，但是在基础教育课程设计中应进一步完成体系化建设，与基础教育的"STEAM"课程融合设计，涵盖非物质文化遗产项目特色与相对应的民间美术、民间体育、民间手工技艺等内容，根据不同的非物质文化遗产类别，开设不同门类、不同性质、不同难易程度的非物质文化遗产课程（见表1），丰富传承形式，包括线上课程的设计，新媒体平台、新技术的应用。在体能课上可加入学习峨眉武术、青城武术、太极拳等世界级、国家级非物质文化遗产项目。

在新时代线上研学课程发展的背景，川渝两地的非物质文化遗产若有相近、类似的项目可以通过线上联动开展课程。

表3　可与"STEAM"对标设计的非物质文化遗产项目课程

STEAM代表	对应非物质文化遗产项目
S:科学	二十四节气——中国人通过观察太阳周年运动而形成的时间知识体系及其实践等
T:技术	蜀锦织造技艺、蜡染技艺、竹纸制作技艺、制扇技艺、陶器烧制技艺、毛纺织技艺等。
E:工程	碉楼营造技艺、彝族传统建筑营造技艺、土家族吊脚楼营造技艺等
A:艺术	民间美术如:(梁平、绵竹、夹江等)木版年画、木雕、彩扎、泥塑、竹编、糖塑、盆景技艺、毕摩绘画等;民间音乐如川江号子、南坪曲子等;传统舞蹈如龙舞、狮舞、土家族摆手舞等。
M:数学	中国珠算——运用算盘进行数学计算的知识与实践等

在进行双语教学的工作中，因为非物质文化遗产项目名称和工艺的特殊性，用英语进行翻译与解释时仍需进一步注意语言的准确性。目前很多学校在"非遗进校园"活动中编写了各类校本教材，在课程体系建设中，对课程资源

库的建设需要与时俱进，不断加入学生感兴趣的课程资料。同时须注意课程教具与材料包设计的合理性和安全性。

此外在课程设计上注意关于巴蜀文化精神的思政课程的引入，根据不同的受众群体进行巴蜀文化精神的宣讲介绍，故所有实践课堂的开篇引入与课程案例需要做好规划与设计。

第四节　非遗传承中学校教育的评价与认证机制思考

根据相关学者针对学校教育中开展的非遗教育传承效果研究，可以看到有较多的优秀成果，但仍存在一些问题：比如在中小学开展非遗课程时存在认知方面的问题，如教师对非遗的了解缺乏系统性和教师忽视学生的差异性。在教师队伍方面，各校师资数量质量存在差异，相关培训缺乏且培训实效性不强。在实施开展方面，存在形式化较为严重，内容选择和实施过程未凸显学生中心，评价重结果轻过程，资源保障不足等问题。[①]此外，还存在非遗教育传承项目同质化，非遗项目传承不平均的现象。

非遗教育的目标是通过传承和弘扬非遗，培养学生对传统文化的认知和情感，提升文化素养和创新能力。为了确保非遗教育的质量和效果，评价与认证机制是非常重要的。

一、非遗教育的评价机制研究

（一）评价的方式与功能

所谓教育评价，是一种新的教育成绩的考察方法。考察范围包括：学习方面的知识、理解、技能和认识能力，情意方面的态度、兴趣、习惯、鉴赏，个性方面的性格、道德品质等。它"是利用所有可行的评价技术评量教育所预期的一切效果。[②]"非遗教育的评价目的主要是对非遗传承的效果进行评估，可

---

① 周星兆."双减"背景下非物质文化遗产融入小学课后服务的实施现状研究[D]. 西宁:青海师范大学,2023.
② 维克. 教育评价简述[J]. 黄石教师进修学院学报,1986(01):94.

以利用诊断性评价①、形成性评价②和终结性评价③几种评价方式。

1. **诊断性评价**

诊断性评价是指在教育活动开始之前或教育过程中，通过一定的手段对学生知识、技能、情感等状况进行预测和了解的方法。这种评价方式主要用于了解学生的知识技能基础、学习需要和学习习惯等，以便教育者更好地进行因材施教。在非物质文化遗产教育领域，诊断性评价可以用于评估学生对非遗项目的了解程度、技能水平和兴趣爱好等，从而帮助教育者更好地设计适合学生的课程和教学方式。

2. **形成性评价**

形成性评价是在教育过程中进行的，目的是了解学生的学习进度和反馈教学质量，以及帮助教师随时调整教学计划、为改进教学方法提供参考。形成性评价常采用非正式考试或单元测验的形式来进行，测验的编制必须考虑单元教学中所有的重要目标。它是对学生学习全过程的持续观察、记录、反思而做出的评价，可以激励学生学习，帮助学生有效调控自己的学习过程，使学生获得成就感，增强自信心，培养合作精神。相对于传统的终结性评价而言，形成性评价"是对学生日常学习过程中的表现、所取得的成绩以及所反映出的情感、态度、策略等方面的发展"做出的评价。

在非遗教育传承中，形成性评价可以帮助学生和教师了解学习进展和教学效果，进而做出相应的调整和改进。以下是在非遗教育中可能适用的几种形成性评价方法：

观察法：教师通过观察学生在非遗技艺方面的表现和进步，了解学生的学习状态、技能水平和问题所在，进而给予及时的指导和帮助。

交流法：教师与学生之间定期进行交流和沟通，讨论学习心得、技艺难点和困惑，了解学生的需求和反馈，及时调整教学策略和方法。

作品评价法：教师针对学生的非遗作品进行评价，了解学生对技艺的掌握

---

① 李伟成. 教学过程中的诊断性评价研究[J]. 教育导刊,2011(03):76-79
② 奥斯豪森,何珊云,王小平. 理解课堂中的形成性评价[J]. 全球教育展望,2012,41(04):3-6,20.
③ 保罗·布莱克,樊涛. 形成性评价及终结性评价:前景与问题——教师的角度[J]. 考试研究,2012,8(03):73-81.

程度和应用能力，同时也能帮助学生认识到自己的不足和需要改进的地方。

成长记录法：教师和学生共同记录学习过程和成长经历，包括作品制作、参与活动、展示表演等方面，这可以帮助学生对自己的学习和技艺发展有一个清晰的认识。

互评法：学生之间进行互相评价和交流，这不仅可以相互学习和借鉴，还能培养学生的自我评价和反思能力。

形成性评价的目的是促进学生的学习和成长，因此评价结果应与学生的发展和改进相结合。同时，教师应注意评价的公正性和客观性，避免主观臆断和片面评价。

3. 终结性评价

终结性评价是指在教学活动完成后对学生的学习进行结论和推断的一种评价方式。这种评价的目的是将学习的结果与教学目标相比较，评定教学目标的达成度，它是对一个单元、一个学段的总结与评价。

终结性评价通常在学期结束或者模块学习结束时进行，因此也被称为"事后评价"，即对学习活动最终效果的评价。它是对教学效果的总结判断，也为下一步的决策提供了依据。需要注意的是，终结性评价不能为学生提供有效的反馈，而且很多学生的潜能得不到充分发挥，教师也难以获得及时准确的反馈。

在非遗教育中，终结性评价通常在非遗技艺学习结束时进行，旨在评估学生的学习成果和技艺掌握程度。以下是可能适用的几种终结性评价方法：

考试：通过书面或实际操作的形式进行考试，测试学生对非遗技艺的掌握程度和应用能力。

作品展示：学生展示自己的非遗作品，包括完成的课程作品、参与的活动作品等，这可以帮助学生展示自己的技艺成果。

技艺鉴定：由非遗技艺专家或教师对学生的技艺水平进行评估和鉴定，了解学生的技艺水平和潜力。

竞赛：组织非遗技艺竞赛，通过竞赛成绩评估学生的技艺水平和发展潜力。

展示表演：学生参与非遗技艺的展示表演活动，展示自己的技艺水平和表演能力。

终结性评价的结果可以作为学生学业成绩和教师教学效果的重要参考。评价结果应与学生的学业发展和改进相结合，同时也可以为教师提供教学反馈和改进建议，不断提高非遗教育的质量和效果。

综上所述，非遗教育的评价目的是通过学生了解和把握非遗传承的实际情况，改进传承工作，保护和传承非遗文化；同时也可以培养个人的文化自觉，推动社会文化的发展；此外还可以提高教育质量。

（二）评价的标准与方法

1.教育目标与教育计划评价。

教育目标是指引教师培养学生面向未来、具备综合素养的重要因素。它需要根据课程要求和学生需要制定，旨在引导学生全面发展。具体而言，教育目标应包括知识技能的培养、创新能力的发展以及社交和沟通技巧的培养等方面。

教育计划评价则是在既定的教育目标下，通过科学的方法和标准，对教学计划的有效性进行评估。这种评价可以帮助学生更好地理解学习目标和要求，提高教学效果和学习质量。同时，也可以帮助教师更好地了解学生的学习状态和需求，及时调整教学策略和方法，从而更好地实现教育目标。

2.教学过程评价

教学过程评价中要考虑建设有效的反馈机制。反馈机制从主体划分来看可以分成以学生为主的反馈机制、以教师为主的反馈机制以及以教学管理部门为主体的反馈机制[1]。若需邀请传承人进校教学，应注意考评传承人作为师资的要求，包括传承人的道德素质、专业素质和职业素质。在道德素质方面，主要评价传承人对非遗传承事业的态度，是否具有崇高的献身精神、严谨的治学态度和热爱学生的师德。专业素质方面，评价的是传承人是否具有深厚的专业知识、高超的专业技能以及能否树立良好的师德形象。在职业素质方面，关注的是传承人是否具备良好的教师职业技能，包括教态、语言表达能力、板书能力、现代教育技术的掌握情况等。

此外，学校的硬件设施、软件设施以及校园文化氛围等也是良好教学过程

---

[1] 郑丽芬,耿艳利.随堂评教反馈机制研究[J].山西青年,2023(18):51-53.

的重要保障。学校是否能为传承人提供良好的工作环境，是否能为非遗传承提供足够的资源支持，是否形成了一种尊重传统、重视非遗的文化氛围，也是评价非遗学校教育的重要标准。

3. 教育效果评价

这包括传承人对非遗项目的掌握程度、学习效果以及社会影响力等。传承人是否能够将非遗项目准确、生动地传授给学生，激发学生对非遗项目的兴趣和热爱，培养出更多的非遗传承人才，是评价非遗传承效果的重要标准。

二、非遗教育的认证机制研究

（一）认证机制的重要性与必要性

认证机制可以促进非遗教育质量的提高。通过认证，可以对非遗教育机构、课程、教材等进行评估和审核，确保其符合一定的教育标准和要求，提高其教育质量和水平。同时，认证还可以促进非遗教育机构之间的交流和合作，推动非遗教育的整体发展。

认证机制可以增强非遗传承的规范性和系统性。非遗文化往往涉及众多的领域和方面，如果没有一定的认证机制，容易出现一些不规范、不系统的传承方式和方法，从而影响非遗文化的传承和保护。而通过认证，可以对非遗传承的方式、方法、内容等进行评估和审核，确保其符合一定的标准和文化要求，增强其规范性和系统性。

认证机制可以促进非遗文化的传承和发展。非遗文化的传承和发展需要一套完整的机制来保障其顺利实施，而认证机制就是其中重要的一环。通过认证，可以了解到非遗文化的传承和发展情况，发现其中的问题和不足，从而采取相应的措施加以改进和完善，促进非遗文化的传承和发展。

综上所述，非遗教育认证机制对于非遗文化的传承和保护具有重要意义和必要性。因此，应该积极推动非遗教育认证机制的建立和完善，加强对非遗教育的评估和审核，提高其教育质量和水平，为非遗文化的传承和发展提供更好的保障和支持。

（二）认证组织的设立与运作

非遗教育认证组织的设立与运作需要一定的专业性和独立性。以下是一些关键步骤和考虑因素：

设立认证组织：可以由政府、非政府组织、学术机构等发起并设立非遗教育认证组织，该组织应具备独立法人资格和相应的认证资质。

确定认证标准：认证组织需要制定非遗教育认证的标准和规范，包括教育机构、课程、教材、师资等方面的标准和要求。这些标准应基于广泛认可的非遗教育理念和原则，并经过充分的论证和实践检验。

设立认证委员会：认证组织应设立一个由专家和利益相关者组成的认证委员会，负责审核和评估非遗教育机构的申请材料和现场考察情况，并做出认证决定。

认证程序：非遗教育机构可以向认证组织提交申请材料，包括教育计划、课程大纲、师资情况等。认证组织应对申请材料进行初步审核，并安排现场考察。考察可以包括听课、与学生和老师交流、查看设施和教学资源等。认证委员会根据标准和考察情况进行评估，做出认证决定。

认证周期与更新：认证周期可以根据实际情况确定，一般可以是一年或两年。在认证周期内，非遗教育机构需要按照认证标准进行教育教学活动，并接受认证组织的监督和检查。认证组织也需要对认证标准进行定期评估和更新，以适应非遗教育的发展需求。

认证费用与资金来源：认证组织需要有一定的资金来源以支持认证工作，可以收取一定的认证费用，也可以寻求政府、企业和社会组织的赞助和支持。

申诉与复审：非遗教育机构对认证决定有异议的，可以向认证组织提出申诉。认证组织应对申诉进行复审，并及时回复申诉结果。

公开透明：认证组织和认证委员会应遵守公开透明的原则，确保认证程序和结果能够得到广泛认可和信任。同时，认证结果和非遗教育机构的信息也应公示和传播，以便公众了解和选择合适的非遗教育机构。

（三）认证标准的确立与实施

1.认证标准的全面性

认证标准需要涵盖非遗教育的各个方面，包括教育目标、课程设置、教材选择、师资要求、教学质量等。同时，认证标准还需要考虑到不同非遗项目的特点和传承要求，确保其全面性和包容性。

2.认证标准的可操作性

认证标准需要具有可操作性，即可以按照标准来实施认证，并能够得出客观、公正的结果。这需要细化认证标准的各项指标，并制定相应的操作指南和规范，以确保认证过程的科学性和规范性。

3.认证标准的更新与完善

非遗教育是一个不断发展的领域，因此认证标准也需要不断更新和完善。认证组织需要定期评估认证标准的可行性和效果，并根据反馈和实际需要进行必要的调整和完善，以保持认证标准的时效性和科学性。

4.认证标准的透明度和公正性

认证标准需要具有透明度和公正性，即认证标准和操作指南需要明确、公开，认证过程需要公正、透明，以确保公众对认证结果的认可和信任。这需要认证组织和认证委员会严格遵守认证标准和程序，避免主观因素和偏见的影响。

5.认证标准的权威性

认证标准需要具有权威性，即认证结果需要得到广泛认可和支持，认证标准和规范也需要得到相关政府部门和社会组织的认可和授权。这需要认证组织具有良好的声誉和专业的背景，同时也需要政府部门与社会组织的支持和合作。

（四）认证程序的设计与执行

非遗教育认证程序的设计与执行需要遵循一定的原则和步骤。以下是一个可能的程序和步骤：

申请与受理（1—2天）：非遗教育项目的申报由申请者提出，需要填写相关的申请表格并提交相关的材料，如项目介绍、传承人资料、传承过程记录等。申请表格和材料需要按照规定的格式和要求进行填写和准备。

初审（3—5天）：初审由相关部门对申报材料进行审核。主要对申请表格和材料进行审核，包括非遗技艺的掌握情况、在非遗传承中的贡献等。初审通过的人选将进入专家评审环节。

专家评审（7—10天）：通过初审的人选将进入专家评审环节。专家组会对人选的非遗技艺、教育能力、道德品质等进行综合评定。评审结果将公示，并接受社会公众的监督。若在公示期内没有重大异议，将进入下一步。

终审（7—10天）：终审由非遗管理机构或专业组织进行评审，确定人选是否符合非遗教育的要求。若符合，将公布入选的非遗教育人选名单。

认证反馈与公布（1—2天）：非遗教育人选名单将向社会公布，同时公布认证标准和程序，认证组织和认证时间等。公众可以对认证结果进行监督和反馈。

监督与评估（常年进行）：认证组织需要常年对非遗教育人选的教育教学情况进行监督和评估，并及时公布监督和评估报告。非遗教育人选也需要定期向认证组织报告教育教学情况，以便认证组织进行监督和评估。

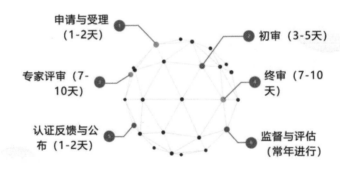

图20　学校教育评价认证机制流程

以上是基于现行各类认证程序设计的非遗教育认证程序的主要步骤，每个步骤的时间可根据实际情况进行适当调整。在实际操作中，需要注重认证的公正性、透明性和科学性，以保障非遗教育的质量和传承效果的不断提升。

三、结论

综合以上分析与设想，从非遗教育评价与认证机制的综合分析中可以看到非遗教育的评价应该注重对学生知识、技能和态度的全面考量。知识方面，评价可以包括学生对非遗项目的历史、传承和技艺的了解程度。技能方面，评价可以考查学生在非遗项目中的实际操作能力和创新能力。态度方面，评价可以评估学生对非遗传统文化的尊重和认同程度，以及对非遗保护和传承的积极参与。

在非遗教育中注重落实评价与认证机制，可以实现保护和传承非遗。通过评价，可以了解非遗传承的实际情况，如传承内容、传承方式、传承效果等，进而为改进传承工作提供依据，更好地保护和传承非遗文化。

培养文化自觉。通过非遗教育，可以使人们更深入地了解和认识非遗文化，从而培养自身的文化自觉，更好地认识和把握文化的多样性与丰富性。

促进社会文化发展。非遗教育不仅可以培养个人的文化自觉，更可以通过个人的行为和影响，推动整个社会的文化发展。评价非遗教育的目的，就是了解其对社会文化发展的推动作用。

提高教育质量。通过对非遗教育的评价，可以发现其存在的问题和不足，从而改进教育方式和方法，提高教育质量。

图21　学校教育评价认知机制对非遗传承的功能示意

此外，非遗教育的评价应该兼顾定性和定量的方法。定性评价可以通过观察学生的表现和参与情况，以及通过访谈和问卷调查等方式收集学生的反馈意见。定量评价可以通过考试、作品展示和实践成果等方式进行，以便更具客观性地评估学生的学习成果和能力水平。而非遗教育的认证机制应该建立在多方参与的基础上。政府、教育机构、非遗传承者和社会组织等各方应该共同参与认证工作，确保评价的公正性和权威性。认证机制可以通过制定相关标准和指导文件，组织专家评审和实地考察等方式进行，以便对学校、教师和学生的非遗教育工作进行认可和奖励。非遗教育的评价与认证应该与教育政策和教学改革相结合。政府应该制定相关政策和措施，支持非遗教育的发展和实施。教育机构应该加强师资培训和课程建设，提升非遗教育的质量和水平。同时，教育改革应该注重非遗教育的创新和实践，推动非遗教育与其他学科的融合，培养学生的综合素养和创新能力。

第五章

数字人文:现代科技在非遗传承中的应用

随着现代科技的不断进步和发展,越来越多的非物质文化遗产开始探索利用科技手段进行传承与保护。在成都这座具有丰富的非物质文化遗产的城市中,现代科技的应用为非遗传承带来了许多新的可能性和机遇。

数字化保护与传承成为一种重要的手段。通过数字化技术,可以对非物质文化遗产进行全面的记录和保存。例如,通过高清摄影和三维扫描技术,可以将非遗项目的细节和特点进行精确的记录和展示。这不仅有助于保护非遗项目的原貌,还可以方便后代学习和研究。此外,数字化技术还可以将非遗项目呈现给更多的人,通过互联网和移动应用,人们可以随时随地了解和体验非遗文化。

虚拟现实技术在非遗传承中发挥了重要作用。虚拟现实技术可以模拟真实的场景和体验,使人们身临其境地感受非遗项目的魅力。例如,通过虚拟现实技术,人们可以在虚拟环境中学习和练习传统技艺,如织锦、刺绣等。这种沉浸式的学习体验不仅可以提高学习者的兴趣和参与度,还可以传承和保护非遗项目的技艺。

"互联网+非遗乡创"也成为一种新的实践探索。通过互联网技术,可以将非遗项目与旅游、商业等产业进行深度融合,形成非遗乡创的新模式。例如,成都的锦里古街通过互联网平台推广和销售传统手工艺品,为非遗项目的传承和发展提供了新的渠道和机会。此外,互联网还可以让非遗项目与大众进行互动和交流，通过线上线下的互动活动，增加非遗项目的影响力和知名度。

现代科技在非物质文化遗产的传承中发挥着重要作用。数字化保护与传承、虚拟现实技术以及"互联网+非遗乡创"等应用手段，为非遗项目的传承和发展提供了新的途径和可能性。在成都这样一个具有丰富的非物质文化遗产的城市中，利用现代科技推动非遗传承的发展，将有助于将非遗项目传承给更多的人，促进非遗文化的传承与发展。

第一节　数字化保护与传承实践

一、简述

随着科技的快速发展，数字化技术在非物质文化遗产保护与传承中发挥着越来越重要的作用。数字化保护与传承实践通过将非物质文化遗产转化为数字形式，实现了非遗的可持续传承和广泛传播。数字化越来越多地被应用到我国各地非物质文化遗产保护与传承实践中，数字化技术的使用在提高非遗保护水平、丰富保护手段、多样化展示、扩展传播途径、增强大众互动体验等方面，发挥着十分重要的作用。在成都这样一个拥有丰富的非物质文化遗产的城市，数字化保护与传承实践为非遗的保护、传承和发展提供了新的途径和可能性。

数字化保护与传承实践通过数字化技术的应用，将非物质文化遗产转化为数字形式进行保存和记录，实现非遗数字资源采集。例如，通过高清摄影、三维扫描等技术手段，可以将非遗的物件、场景等进行数字化记录，从而保护了非遗的原貌和独特性。这种数字化的保护方式不仅可以减少对实物的损耗和磨损，还能够实现对非遗的长期保存和传承。同时，数字化保护还可以将多种形式的非遗表现形式，如音乐、舞蹈、戏曲等，转化为数字媒体，方便人们随时随地进行学习和欣赏。2006年，中国艺术研究院设立"中国非物质文化遗产数字化保护中心"，并建设开通了"中国非物质文化遗产网"和"中国非物质文化遗产数字博物馆"，承担起"中国非物质文化遗产数字化保护工程""非物质文化遗产数字化保护系列行业标准制定"等数字化保护项目建设，"利用数字技术全面、真实、系统地记录非物质文化遗产代表性项目相关情况，生成文、图、音、视、三维动画等多类型的数字资源成果，建立相关数据库，并从中归纳提炼，形成具有专业指导意义的数字资源采集标准规范，为全国非物质文化遗产资源互通共享奠定坚实基础"。2023年8月，我国首个非物质文化遗产领域的文化行业系列标准《非物质文化遗产数字化保护数字资源采集和著录》，已由文化和旅游部批准发布，并于当年9月29日实施。该标准由中国艺术研究院（中国非物质文化遗产保护中心）起草，主要用于指导和规范我国各门类非遗代表性项目数字资源的采集和著录工作。

数字化保护与传承实践使非物质文化遗产得以广泛传播和分享。在知网上搜索"非遗+数字化""非物质文化遗产+数字化"等，有7000余篇研究文章。在《我国非物质文化遗产数字化研究主体与热点分析——基于CNKI资源的可视化分析（2003～2022）》中可以看到，由图22可知，国内非物质文化遗产数字化研究于2006年起步，2003年至2013年处于平缓上升阶段，核心期刊年度发文量不超过10篇；2015年发文数量出现大幅跃升，达到20篇，发文量为各年份之最；2015年之后，发文数量有所回落，总体呈平稳上升趋势。

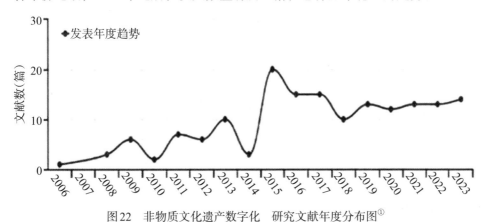

图22 非物质文化遗产数字化 研究文献年度分布图[①]

---

① 钟家园,周鹏程,盛紫凡等. 我国非物质文化遗产数字化研究主体与热点分析——基于CNKI资源的可视化分析(2003～2022)[J]. 互联网周刊,2024(01):34-36.

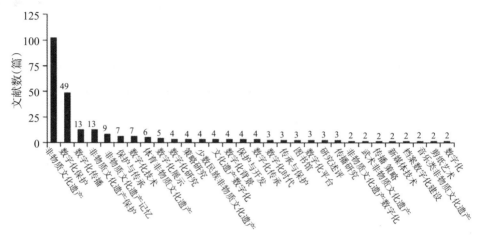

图23 国内非物质文化遗产数字化研究主要主题分布图①

通过互联网和社交媒体等平台，数字化的非遗资源可以迅速传播给全球范围内的观众和学习者。这种数字化的传播方式不受时间和空间的限制，使非遗得以跨越地域和时代的限制，让更多人了解、认识和喜爱非遗文化。同时，数字化传播还可以促进非遗与现代科技的融合，创新出更多具有时代特色的非遗表现形式，提升非遗的吸引力和市场竞争力。据中国非遗保护中心介绍，标准的出台，对非遗数字资源的传播利用、非遗大数据体系构建、非遗专业人才队伍培养，乃至提升社会公众对非遗的认知等方面都有着重要的指导和支撑作用。我国四级非遗名录体系下10万余项非遗项目，其数字资源建设管理工作均可以之作为参照，应用前景十分广泛。

二、数字化保护与传承实践面临的挑战和问题

首先，数字化技术的应用需要专业人才和高昂的成本投入。非遗保护机构和传承者需要具备数字化技术的知识和技能，才能有效地进行数字化保护和传承实践。

其次，数字化传播存在着信息安全和版权保护的问题。在知识产权保护方面，近年来国家在法律层面给予了相应的保障与支持，给予了非遗知识产权保

---

① 钟家园,周鹏程,盛紫凡等. 我国非物质文化遗产数字化研究主体与热点分析——基于CNKI资源的可视化分析(2003~2022)[J]. 互联网周刊,2024(01):34-36.

护的鼓励与底气。《"十四五"非物质文化遗产保护规划》明确提出，加强非遗知识产权保护的研究和探索，综合运用著作权、商标权、专利权、地理标志等多种手段，建立非遗获取和惠益分享保护制度。《知识产权强国建设纲要（2021—2035年）》进一步提出，加强遗传资源、传统知识、民间文艺等获取和惠益分享制度建设，加强非物质文化遗产的搜集整理和转化利用，这一系列文件彰显了国家在依法保护和促进创新方面的鲜明态度。

目前通过普及宣传，非遗传承人知识产权意识也在不断提升。从当下实践看，各地纷纷运用商标注册、地理标志认证等多种方式加强非遗领域的知识产权保护，助力地方特色经济发展，在取得良好的经济效益的同时，也强化了非遗的保护传承。

但不容忽视的是，传播渠道的多元化一方面拓宽了节事活动的受众面，一方面也面临传播渠道中的产权、版权等管理与规范的问题。在网络传播中，涉及信息的发布、传播、接收等多个环节，而非遗传统技艺操作流程、非遗产品创作等均涉及产权保护工作。网络传播作品中的二次创作、非遗项目的创作授权归属等问题也需要进一步研究。

此外，在实际操作中还存在如各类非遗产品的版权授权，版权方的归属确认，授权后的新产品的权利归属，以及厘清著作权、版权、商标授权的概念等问题，仍需要加强立法支持和法律指导。

总的来说，数字化保护与传承实践为成都非物质文化遗产的传承与发展提供了新的途径和可能性。通过数字化技术的应用，非遗得到更好的保护、传承和传播，使非遗文化焕发出新的生机和活力。然而，数字化保护与传承实践仍然面临着一些挑战和问题，需要政府、非遗保护机构和社会各界共同努力，制定相关政策和措施，推动数字化保护与传承实践的健康发展。

第二节　虚拟现实技术在非遗传承中的应用研究

2022年，青年插画设计师和川剧表演艺术家还曾尝试把数字化创新融入艺术创作中，让川剧脸谱这一非遗文化在网络上焕发新生。在数字化技术的加持下，脸谱不仅在戏曲舞台上赢得喝彩，更活跃在网络世界，活跃在年轻一代人的日常中，成为传递中国人情感共鸣的载体。随着科技的不断发展，虚拟现实技术在各个领域得到了广泛应用，包括非物质文化遗产的传承领域。虚拟现实技术（VR技术）一般包括虚拟现实（VR）、增强现实（AR）和混合现实（MR），可以在计算机系统和交互感知硬件的帮助下，创建和体验虚拟世界，或者在现实世界和虚拟世界之间建立互动，增强现实体验。其中的虚拟现实技术主要是利用计算机技术创建一个模拟的环境，使用户从感官上沉浸到虚拟环境中，产生自己完全置身于虚拟环境之中的逼真感受，并且可以和虚拟景物产生互动，进而主动参与到虚拟世界的情景当中，获得身临其境的感觉[1]。虚拟现实技术可以通过模拟现实环境，提供沉浸式的体验，使人们能够更加直观地了解和体验非遗文化，促进非遗的传承与发展。目前虚拟现实技术的应用模式据分析包括"三维重建方式、全景拍摄方式"两类[2]，根据程秀峰等所著《虚拟现实技术在非遗信息资源展示中的 应用调查研究》可以看到目前虚拟现实技术的应用领域[3]，见下表：

表4 应用虚拟现实技术的领域及其具体技术

序号	应用领域	简介	应用内容	具体技术
1	高校红色政治书籍	根据真实场馆或遗址设计虚拟展馆；以学生的体验式学习为核心进行功能性设计，学生可置身于3D虚拟场馆中，以不同视角和线路参观学习；三维场景逼真，展品内容丰富、形式多样	场景建设	沉浸式虚拟现实技术
2	考古	建立虚拟现实系统、数字博物馆，实现文物资源的保护和虚拟仿真，促进文物资源真正实现全民所有和全民共享	场景建设	非接触式三维扫描测量技术
3	航天博物馆	实现火箭发射场的虚拟漫游，真实模拟酒泉发射中心的数据	场景建设	三维建模技术
4	园林景观设计	实现设计过程中的互动与交流，实现风景园林的公众参与和动态体验	场景建设	计算机仿真

---

① 郭喜春.虚拟现实技术在非遗保护与传承中的应用探究[J].新闻传播，2020(20)：105-106.

② 郭喜春.虚拟现实技术在非遗保护与传承中的应用探究[J].新闻传播，2020(20)：105-106.

③ 程秀峰，张小龙，翟姗姗.虚拟现实技术在非遗信息资源展示中的应用调查研究[J].数字图书馆论坛，2019(01)：37-42.

续表

序号	应用领域	简介	应用内容	具体技术
5	电子商务	实现电子商务产品直观形象的呈现方式，实现商户、客户、物流等多方面信息的整合	智能导航	动态环境建模技术、虚拟现实交互性技术
6	虚拟旅游	实现自动漫游和人工漫游的切换；在人机交互的界面下，实现旅游导航和检索下的全景漫游	场景建设	多层次的视景表达60°虚拟全景图技术
7	土木防灾	检验外观、功能，建立建筑设计动力学模型，进行外力冲击虚拟实验	场景建设	计算机仿真
8	档案馆	信息数字化，档案馆场景及道具的虚拟仿真，对档案信息的实时互动操作	场景建设	三维建模技术
9	古陶瓷文物	古陶瓷文物修复，古陶瓷文物展览修复，古陶瓷文物还原	文物保护	计算机仿真
10	美术鉴赏教学	实现以学生体验和表达为主的教学模式，激发学生对美术鉴赏的学习兴趣，提升美术鉴赏课程的教学效果	实验教学	计算机仿真

　　虚拟现实技术可以用于非遗文化的数字化保护与传承。通过将非遗元素进行数字化记录和存储，可以有效地保护非遗文化的独特性和原始性。虚拟现实技术可以通过三维建模和虚拟场景的构建，使人们在虚拟环境中亲身体验非遗技艺，了解非遗文化的历史和背景。这不仅可以保护非遗文化的传统技艺，还可以将非遗文化传播给更多的人群。2022年，《成都市数字文化创意产业发展"十四五"规划》提出，将全力打造中国最适宜数字文创发展城市，推出一批形象特色鲜明、吸引力强的数字文创产业园区（基地），建成一批创新示范、辐射带动能力强的数字文创产业重大项目和平台，形成业态集聚、创新效应凸显的数字文创现代产业集群，推动数字文创产业成为经济社会发展的强大引擎和重要增长极，实现数字文创从"盆地"走向"高地"。同年，成都市新经济发展工作领导小组办公室印发成都首个聚焦元宇宙的政策文件《成都市元宇宙产业发展行动方案（2022—2025年）》，并在《成都市数字文化创意产业发展"十四五"规划》中专门提出，要促进优秀文化资源转化，加强非遗文化数字化传承。具体包括加快推动民间音乐、民间舞蹈、民间美术、传统戏剧、传统手工技艺等非物质文化遗产数字化。以人工智能等新技术辅助非物质文化遗产

作品创作，赋予非物质文化遗产新的表现形式和生命力。开展非物质文化遗产代表性项目的数字化宣传、展示，推动非遗基因跨界重组。打造一批非物质文化遗产体验新载体，建设展示馆、美学生活馆、主题演艺馆、项目体验基地等，推动非物质文化遗产活化传承。鼓励依托非物质文化遗产，开发具有鲜明区域特点的非物质文化产品，助力乡村振兴。

而元宇宙作为数字技术最巨量的应用集成和数字经济最丰富的应用场景，是未来城市经济社会发展的新大陆、新蓝海。在元宇宙中，人们对空间的感知建立在 VR、AR、MR 等技术所生成的实时动态三维图像之上，立体逼真的画面和全景自由的视域范围会给人带来高度的沉浸感，让人产生身临其境的数字化空间感知。通过 AR、XR、VR 等设备，游客可以全方位沉浸式地游览景点、欣赏文物，多角度挖掘文旅产业的价值。比如各地博物馆通过 AR 应用改变了展览形式，借助应用程序让历史文物"原地复活"，让游客充分感受它们的魅力。

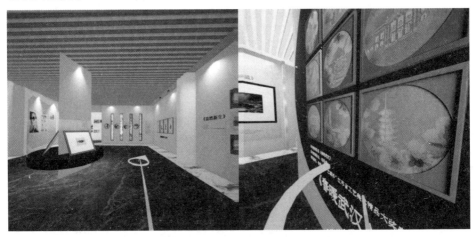

图24　苏绣元宇宙艺术馆——基于BIM+CIM技术的建筑元宇宙解决方案

虚拟现实技术可以用于非遗教育的创新与推广。传统的非遗教育往往受到时间和空间限制，学习者很难亲身体验非遗技艺。而通过虚拟现实技术，可以在虚拟环境中进行非遗技艺的学习和实践，使学习者能够更加深入地了解和体验非遗文化。据成都市教育局相关负责人介绍，成都市教育领域大规模设备更新专项行动将覆盖安全保障、教学设备、科学教育等三个方面，探索构建人

　　工智能等现代科学技术在教育领域的应用场景。目前已经确定建设项目逾600个，配套资金逾9亿元，预计暑期前将全面启动年度设备更新工作。比如四川文化产业职业学院针对省级非遗银花丝工艺开设的虚拟现实课程，虚拟现实技术还可以通过游戏化的方式，增加非遗教育的趣味性和吸引力，激发学习者的兴趣和热情。西南石油大学计算机科学学院新繁棕编数字化保护与传承实践工作坊，通过社会实践开始与巧帆棕编合作社共同开发，工作坊设置了数字实践体验区、历史文化体验区、交流分享体验区和传统技艺体验4大展区模块，以"沉浸式体验""数字化传承""年轻化表达"作为亮点，引导观众在体验与感受中，传承非遗文化。

　　虚拟现实技术可以通过互动性和社交性的设计，促进非遗文化的传承和交流。虚拟现实技术还可以提供多人在线的虚拟环境，使不同地域的人们在同一场景下进行非遗技艺的学习和交流。学习者通过虚拟现实技术与老师和其他学习者进行实时的互动和合作，共同探索和传承非遗文化。

　　虚拟现实技术在非遗传承中也面临一些挑战。首先是技术成本和设备限制的问题，虚拟现实技术的设备和软件还比较昂贵，对于一些资源匮乏的地区来说可能难以推广和应用。其次是虚拟现实技术与非遗技艺的结合需要专业技术人员的支持，这对于一些非遗传承机构来说也是一个挑战。

第三节　"互联网+非遗乡创"的实践探索

一、"互联网+非遗乡创"的背景与现状

　　非物质文化遗产是世界各族人民在长期的生产实践中创造出的灿烂多彩的以非物质文化遗产形态存在的文化表现形式或文化空间。"互联网+"时代的到来，令非物质文化遗产的保护和传承进入新的发展环境。我国非物质文化遗产数量居世界首位，其价值不可估量。这些非物质文化遗产大多分布于村庄，根植于广袤的乡村土地生存和发展，是我国乡土文化的重要组成部分。"互联网+"使得非物质文化遗产的保护和传承工作不再受限于区域和形式，从而形成了新生代人群共同传承非遗文化的美好局面。

中国式现代化背景下
成都非物质文化遗产多维传承路径研究

1. 何为"乡创"

2015年在"万众创新大众创业"的浪潮下，"返乡创客""乡创"的概念开始见诸报端，到乡村创业成为无数都市人的田园之梦。山里的精致民俗、稻田里的袅袅炊烟，众多创客们与村民一起挖掘传统农耕生活中不一样的商业价值，出现了一批乡创基地、网红旅舍等。

创客是指勇于创新，努力将自己的创意变为现实的人。孙若风教授认为乡创是将乡土资源通过文化创意、科技提升、市场运作转化为产品的创业活动；是回归故乡、回归乡村进行创造经济价值、社会价值的创业者们所开展的系列活动，包括市场活动、社会活动等。

目前，各地政府举办着不同主题的"乡创"大赛，提供着资金、场地、政策等为创业团队将好的创业项目切实落地创造条件。

同时，"乡创生活美学"的概念也不断冲击着都市人的心灵，将艺术设计美学与农耕生活方式相结合，涵盖了吃、住、游、购、娱、休闲体验等多个环节，以特色生活体验感为主打卖点。北京大学文化传承与创新研究院（抚州）常务副院长向勇教授提到"按照文化创意赋能空间规模的大小，可分为村落美学空间，例如黄山碧山、顺德青田、成都明月和达州白马等村落；小镇美学空间，如成都安仁、无锡拈花湾、深圳甘坑等小镇；县域美学空间，如河南修武"。艺术设计对乡村振兴的实施与发展是有巨大的经济和社会价值的。

由此，各地也针对返乡创客、乡村人才培养和创业项目的孵化开展培训，开设了乡村创客中心、乡创学苑、孵化中心等，与高校、企业等合作，进行场域设计打造、课程培训指导、项目孵化扶持等。

2. "非遗乡创"的概念与现状简析

"非遗乡创"，即为以非物质文化遗产为抓手的返乡创客所创业开展的各类业态。在各类乡创活动中，非物质文化遗产作为内容载体，对乡创活动的业态发展、应用提供了有力的支撑。

在四川省内知名乡村中，可以看到道明竹艺村以道明竹编为卖点进行整体打造，蒲江明月村以扎染、陶艺为特色，茂县凤仪镇坪头村以羌族民俗为卖点等，此外在各类古村落中都少不了各类非遗民俗活动，比如黄龙溪的女子舞龙，还有非遗体验等都是进行非遗乡创的重要例证。

3. "互联网+非遗乡创"的应用必要性

2015年7月4日，国务院印发的《关于积极推进"互联网+"行动的指导意见》中提出："互联网+"是把互联网的创新成果与经济社会各领域深度融合，推动效率提升、技术进步、组织变革，提升实体经济创新力和生产力，形成更广泛的以互联网为基础设施和创新要素的经济社会发展新形态，即充分发挥互联网在社会资源配置中的优化和集成作用，以新一代信息技术和现代制造业、生产性服务业来融合创新，发展壮大新兴模式和产业，促进经济新增长点的发展，增强经济发展的新动力。四川省作为多民族聚居地，有55个少数民族，境内有中国第二大藏区、中国最大彝区和中国唯一羌族自治县，具有丰富的非物质文化遗产资源。随着时代的发展与要求，非遗作为人们生活中承载的鲜活文明是不可消失的存在，在城市化进程推进发展中，乡村非物质文化遗产一度进入发展萧条期。在2015年提出的"互联网+"的概念下，如何将非遗的传承发展与我们生活中处处离不开的互联网相结合，为非遗的传承发展创造一个良好的发展环境是众多学者的研究目标。

"互联网+非遗乡创"，是利用互联网技术、利用网络媒介平台优势，发挥互联网"速度快""覆盖面广"的传播效果让非遗得到更广泛、更精准的传播，同时在乡村振兴的发展目标下，结合在地文化，通过产业与事业等手段，拓宽传播渠道与实现经济效益。在《2022非物质文化遗产消费创新报告》中可以看到如今非遗传播渠道日趋多样化，非遗直播、短视频、电商平台、文博旅游、电视传播等传播影响力不断增强，非遗消费持续稳定增长。2022年，淘宝平台非遗店铺数为32853家，较2020年增长9.5%；非遗交易额较2020年增长11.6%。非遗商品消费者规模已经达到亿级。非遗传承渠道的数字化、科技化趋势日趋明显。

另外，随着数字经济的发展，"元宇宙"概念等的提出对非物质文化遗产的存在形式、传播手段、市场变现方式等均有了进一步的影响。数字藏品开发更是成为当前非遗数字化领域中的一个热点。2021年，中国数字藏品发行平台多达38家，非遗产品发售数量约456万份，总发行价值超过1.5亿元。四川在31个省（自治区、直辖市）的非遗产业影响力排名第六。

淘宝非遗店铺高质量发展是推动非遗传承及产业化发展的重要因素。通过电商平台的合作，非遗手艺人可以更好地了解消费者需求，做到直击消费痛点。

"互联网+"对于乡村振兴战略下的非遗创新性发展意义非凡，其不仅是科技载体上的创新与变革，更是对乡村文化的新诠释、新解读、对特色文化产业的新推动。

二、推广实施"互联网+非遗乡创"的主体分析及作用影响

"互联网+非遗乡创"的实施需要不同的主体参与，以下是几个可能涉及的主体及其作用：

（一）政府主体牵头

政府部门和机构主要负责制定政策和规划、提供资金支持和服务保障等方面。其可以通过出台相关扶持政策，引导和鼓励企业及个人参与非遗乡创，同时也可以提供专业技术支持和培训，帮助非遗乡村文化传承者更好地利用互联网平台实现非遗传承和创新。比如在推动精准扶贫工作中，政府考虑以"互联网+非遗项目"为载体助力。

非遗作为代表性传统手工技艺，在产业发展中具有重要的特色地位。四川省在贫困地区全面推进非遗扶贫就业工坊建设，采用"政府+唯品会+非遗扶贫工坊+贫困群众"模式，加大政策支持和引导，由唯品会提供创意设计帮助和推广销售平台，同时在若干非遗扶贫工坊设立工作站，为贫困群众提供非遗技艺指导和产品订单。贫困群众可以选择多种就业方式来增加收入。

截至2020年，四川省共有139家非遗扶贫就业工坊，其中86家工坊所在地区为国定贫困县，前期经调查摸底，仅有不到30家开设了网店，而脱贫攻坚任务较重的凉山、甘孜、阿坝地区工坊上线开店覆盖率更低。

四川省文旅厅、四川省非遗保护中心等组织非遗扶贫工坊积极入驻各电商平台，并开设了四川非遗购物节网络服务平台、制作发布《四川非遗扶贫就业

工坊上线指南》等培训资料、电商政策等，及时更新相关动态，对工坊网店运营工作进行具体指导。

凉山地区是全国深度贫困地区"三区三州"之一，非遗资源丰富、民族特色鲜明，拥有以彝族服饰、彝绣、彝族羊毛擀毡、彝族银饰、彝族漆器等为代表的非遗传统工艺项目。为满足新时代消费需求，将非遗与现代时尚生活相结合，比如彝族银饰"拂星"、彝绣马齿纹斜挎包等非遗新品，巧妙地将民族风格与时尚元素融合设计，获得了市场的关注与认可。

根据唯品会发布的《2019年非遗新经济消费报告》，"80后"是消费主力，"95后"年轻消费者对非遗产品的溢价认知不断提升。到了2022年，"00后"逐渐成为消费主力。随着非遗时尚产品日益丰富，非遗手艺人的生产效率和收入不断提高，与唯爱工坊合作的非遗手艺人大幅增加，而且年轻化趋势明显。唯爱工坊第二年度合作的非遗手艺人数量较第一年度增长7倍，其中"90后"非遗手艺人数量较往年大幅提升，"00后"非遗手艺人也陆续开始加入非遗传承队伍。在非遗手工技艺的现代化应用中，首饰配饰、服饰箱包类非遗产品订单占整体非遗消费品品类约82%。其中，首饰配饰成为年轻消费者最为青睐的品类。

与此同时，非遗手艺人的生产效率和质量明显提高，使得非遗成为手艺人们"脱贫生产力"的重要支撑。通过在地非遗手艺的产业链与销售平台的搭建，能够较好地改善非遗手艺人的生活状况，可以有效传承非遗，同时缓解了留守儿童和空巢老人等社会现象。

（二）各类文化机构的助力支持

在非遗乡创的发展道路上，博物馆、图书馆及学术机构等可以利用互联网技术进行数字化展示和推广，鼓励各类艺术家、文学家、高校教师等对非物质文化遗产进行研究与转化，提高非物质文化遗产的传播力和影响力。

比如，博物馆是非遗传承和展示的重要场所，其可以通过举办非遗文化展览和活动，向公众介绍、宣传非遗文化，同时组织开展博物馆文创产品的设计与制作，将传统文化以更鲜活的方式传承，并鼓励非遗传承者通过互联网平台进行非遗文化的传承和创新。

（三）自媒体/企业市场化推广

自媒体或企业可以结合非遗文化元素开展产品开发、文化旅游等业务，形成新的商业模式和品牌形象，通过自身的品牌和影响力宣传推广，将非遗文化推向更广泛的受众中。还可以利用新技术手段，如虚拟现实、大数据等，为非遗传承提供更好的保护和传承。如开发非遗文化 VR 展览、信息化管理系统等应用，提高非遗文化传承效率和质量。

此外，还可以通过商业化运营的方式，帮助非遗产品打造品牌形象，拓展销售渠道，建立非物质文化遗产文化产业链，从而推动非遗乡村经济的发展和壮大。

（四）非遗传承人/村民合作社自力更生

非遗传承人是非遗乡创最重要的主体，根据地方文化背景与技艺要求可以是个人或村落。非遗传承人可以通过互联网平台，分享自己的传统手艺和文化知识，与更多人进行交流和沟通，促进非遗文化的传承。

村民合作社在非遗传承创新方面发挥了重要的作用和影响，推动非遗传承环境的搭建，村民合作社是联合农户发展经济和社会事业的组织形式。通过村民合作社的搭建，可以为非遗传承提供一个良好的传承环境，使传统技艺得到更好的保护和传承。

村民合作社涵盖了不同年龄、不同专业背景的村民，这为非遗传承的人才培养和输送提供了机会。通过村民合作社等平台，非遗传承人可以向青年传授技艺，同时也可以吸引更多青年参与到非遗传承中来。

村民合作社可以整合当地社会资源和优势，为非遗传承提供更多的支持和帮助。例如，可以利用合作社的文化活动场所举办非遗文化展览、演出等活动，增加非遗文化的宣传和推广力度。

村民合作社可以帮助非遗传承人拓展市场，推广传统技艺和产品。通过建立非遗品牌、开展电商业务等方式，可以为非遗传承带来更多的经济效益，提高非遗文化的传承和保护力度。

崇州市文井江镇上有一种野生的古茶树，其叶形似枇杷叶而被命名为枇杷茶，具有香高、味浓、耐冲泡的特性，宋朝时以此茶为原料制作的龙门茶一度成为贡品。2011年，崇州枇杷茶非遗传承人黄丽响应国家号召返乡创业，带领村民进行规模化管护，重新挖掘古茶树产品特色及文化价值，延长产业链，创新工艺技法，发展枇杷茶系列产品，探索出了属于古茶树的"保护、推广、传帮带"三步发展路径，带动妇女、村民共同致富，为其他相似村落提供了宝贵的实践经验。黄丽带领村民组建了崇州市鸡冠山映象茶叶种植专业合作社，并以此为出发点，将"崇州枇杷茶"这一国家农产品地理标志保护产品，再做大做强。

为了更好地实现这一目标，黄丽对公司进行了深入的研究，建立了一套可行的长期发展机制，使公司的经营成本大大降低，村民们既能依靠茶树的租金，又能通过采摘、养护等方式获得收益，真正将荒山化作金山。

在此基础上，黄丽带领她的团队，在继承枇杷茶传统制作工艺的同时，继续对其进行创新，使枇杷茶的质量和味道都得到极大的改善。在黄丽的带领下，崇州枇杷茶品牌已经拥有了强大的文化价值和经济力量，形成了一股不可忽视的力量。

（五）消费者和观众传播应用

通过"互联网+非遗乡创"的推广和应用，消费者和观众可以更加便捷地了解和接触非遗文化，提高对其的认知度和美誉度。消费者和观众可以自发地参与到非遗传承中，学习和传承传统技艺，为非遗的保护和传承做出贡献。

消费者和观众还可以利用个人社交媒体等渠道推广宣传非遗文化，发布非遗相关的内容，吸引更多人关注和认知，并提高非遗文化在公众心中的地位。同时，也可以在家庭、朋友圈等小范围内推广非遗文化，让亲人、朋友了解和喜爱非遗文化。消费者和观众可以通过购买、消费非遗产品和服务，支持非遗乡村经济的发展和壮大，也可以积极参与非遗乡村旅游等活动，帮助提高当地的知名度和吸引力。

消费者和观众可以通过对非遗文化的深入理解和思考，结合自身的想法和创意，开发出更具时代特色和市场需求的非遗产品和服务，促进非遗文化的创新和发展。

总之，"互联网+非遗乡创"需要多种不同的主体参与，共同推进非遗文化的保护、传承和发展。各主体在推广实施"互联网+非遗乡创"的过程中，都将发挥重要的作用，并产生积极的影响和效应。

在乡村振兴战略背景下，推动"互联网+非遗"的应用发展，反哺乡村发展，要求推动乡村产业融合，发掘乡村产业新功能、新价值。一方面需要在地方产品上加强时代感和竞争力，另一方面需要在发展业态上进一步打造独具特色的市场作为保障。发展业态包括模式求变、传播渠道求变。

三、"互联网+非遗乡创"可实施路径研究

非物质文化遗产作为我国优秀传统文化的璀璨明珠，在互联网新技术下可以实现不同的结果。目前互联网背景下与非遗相结合的实施路径可分为以下几种，具体如下。

第一，通过数字化建设为主要手段，进一步推进技术应用，利用互联网技术推进非遗文化的数字化保护和传承，形成各类数据资源库，将非遗的各项文化元素数字化、指标化，形成一个体系化的数据资源库后，进行进一步的数据资源处理、应用、发布和资源服务等。

第二，通过数据库与区块链、云计算、云平台的结合，建立全国性的非遗乡创平台，通过互联网技术和各种数字化手段，整合非遗资源、技能传承人和资本力量，在互联网平台上对用户进行垂直分类与输入，为电商渠道提供资源支持和数据分析，推动非遗的可持续性发展。

第三，完善非遗乡创市场管理体系，保障非遗文化的合法权益和知识产权，规范市场秩序，提高非遗乡创的市场竞争力和发展质量。

第四，互联网与非遗的应用结合包括各级非遗传承人，尤其是国家级、省级非遗传承人通过自身企业背景，创办官方网站，在网站上提供购买渠道、在线咨询、数字展示等，也是"互联网+非遗+电商"的主流渠道。利用新媒体、社交媒体等渠道加强非遗乡创品牌的宣传和推广。通过在线直播、短视频等打造非遗文化形象，提高其影响力和美誉度。

第五，随着现今直播经济、网红经济的兴起，非遗传承人或相关企业通过短视频平台（抖音、快手等）开展线上直播带货，推广宣传非遗项目助力传承的同时，将网购链接上线，促进消费者购买。

第六，在各类社交平台、各类主题社群分享有价值的内容，在微信、微博、知乎、今日头条、手工课等App平台注册账号，定期推送非遗相关的知识、方法等，以图片、文字、视频等方式与用户产生互动，使宣传推广与流量变现相结合。

第七，利用现在各类网络综艺，拍摄非遗相关地区、产品的人和故事，以故事性、体验感等吸引用户群体，进一步加强用户对非遗的认知与了解。

通过以上可实施路径的研究，可以进一步推动非遗乡创的发展和传承，促进非遗文化与互联网技术的结合，助力非物质文化遗产在现代社会中的传播和发展。

四、"互联网+乡创+非遗"案例研究

（一）实体乡村礼物主要体现在传统手工技艺为载体形成的相关文创产品

由成都市文化广电旅游局指导，成都市非物质文化遗产保护中心主办的天府非遗乡村推广行动，第一届于2022年12月在彭州市通济镇海窝子社区戏窝子广场举行，第二届由蒲江县文化体育和旅游局、彭州市文化体育和旅游局承办，于2023年12月在蒲江县西来古镇文风广场举行。两次活动集中展现了来自简阳市、邛崃市、新都区新繁街道、大邑县新场镇、青白江区城厢镇、龙泉驿区山泉镇、郫都区安靖街道、天府新区太平镇、金堂县五凤镇、温江区万春镇、都江堰市青城山镇、新津区安西镇、成华区龙潭街道、崇州市道明镇竹艺村、蒲江县甘溪镇箭塔村、彭州市通济镇海窝子社区、彭州市桂花镇、邛崃市平乐镇、简阳市石桥街道杨柳社区、都江堰市石羊镇、成华区二仙桥街道、蒲江县甘溪镇明月村的包括川剧表演、青城武术、木雕、蒲草编织技艺、桂花土陶、瓷胎竹编、百草染、锔瓷技艺等在内的168个"八个一"项目。每个乡村以其独特的非遗文创产品作为当地文化品牌、经济来源。天府非遗"八个一"是成都市文化广电旅游局近年来谋划打造天府文化标识体系的非遗实践行动。主要有三个方面的重要意义：一是重塑市、区（市）县、乡镇街道、村落四级

优秀传统文化标识，构建天府非遗宣传推广体系，推进世界文化名城建设；二是重塑本土文化认同，让当地民众知当地事、知当地文化、能发现当地之美，从而增强对优秀传统文化的认同感、对家乡文化的自豪感，坚定文化自信自强，铸牢中华民族共同体意识；三是重塑优秀传统文化价值，彰显非遗在社会治理、乡村振兴、城市更新以及城乡融合中的重要作用。游客在走进乡村享受生活、体验非遗的同时还可收获独具特色的非遗礼物。如在崇州市道明镇竹艺村购买竹编工艺品，在郫都区安靖街道购买蜀绣文创制品。崇州枇杷茶非遗传承人黄丽将"国家级非物质文化遗产"道明竹编，与"国家农产品地理标志保护产品"枇杷茶进行特色组合，打造出了一款崇州人带得出去的特色文创产品，同时，她还利用自身资源结合电商平台，帮助村民销售腊肉、笋干、蜂蜜、土鸡蛋等农产品。邛崃市在南宝山镇依托7项非遗项目，积极探索"非遗+文创""非遗+旅游"的发展模式，并贯彻"以节为媒"方针，通过举办羌族聚居区非遗保护成果展、南宝山羌历新年庆典、南宝高山蓝莓旅游节等活动，2023年旅游收入达200余万元，人均可支配收入同比增长9.28%。未来，邛崃市将进一步探索"非遗+乡村旅游"的发展模式，巩固乡村振兴成果。

（二）虚拟体验主要体现在精品旅舍等田园综合体的数字化板块

成都作为全国统筹城乡综合配套改革试验区，将田园综合体与"互联网+项目"相结合，综合目前市场上的种类，可分为智慧乡村平台与田园综合体的集合，"抖音等短视频平台+田园综合体项目"的传播体验，农产品的商务电子运营平台以及线上研学等方式，具体如下：

幸福公社作为一个集国学践行、民艺手工、休闲度假、田园农耕、养生养老、旅游教育、运动医护一体化的幸福小镇，于2009年创建，通过13年的实践探索，打造了一套成熟的商业模式，形成了一种以田园旅居、养老为一体的成功养生模式。其中第三期是中国第一个农业创客社区，打造的是农业的品牌主题公园和农业的文创产品设计中心。创建了"设计+产业+农业"全新模式，从包装艺术设计的角度出发，将农产品变成高端伴手礼，全面提升农产品的附加属性和品牌优势。引进100多位手工匠人和非遗传人，打造传承传统手工艺的成都匠人村，匠人村创业孵化平台集政策信息研究、创业指导培训和服务于一体，孵化内容包含非遗传承、手工文创、音乐、微电影、乡村改造、现代农业、儿童教育等。自新冠肺炎疫情发生以来，在乡村旅游领域，数字经济新业态加速发展，"云旅游"、在线直播带货等营销方式不断涌现，非物质文化遗产的传承、传播又有了新的发展机会。

途远乡村元宇宙乐园是依托四川阿坝州小金县木栏村、新津张河村构建的线上数字空间，包括邻里乡居张河村元宇宙乐园和木栏村元宇宙共享农庄乐园。在途远乡村元宇宙乐园中，用户不仅可以在线上深度参与世界岛的虚拟建设，体验建设类游戏带来的乐趣；同时可以通过佩戴手环与手机绑定，线下打卡主题乐园内的不同场景，解锁包括"寻找金种子""寻找金苹果""寻找萤火虫"等主题探索任务，体验线上虚拟农事种植与线下农事收获、线上虚拟动物收集与线下动物认养等丰富有趣的场景，获得沉浸式体验。崇州街子古镇"味江·九州实景江湖"景区的寻宝剧本游《陆游密码》，通过AR技术使现实景区和虚拟世界实现叠加融合，为游客提供了一场穿越历史和现实的丰富体验。成都漆艺是我国最早的漆艺之一，现存于成都市青羊区。为了让全国各地的朋友都能感受这三千古蜀技艺的魅力，成都漆器工艺厂及时抓住直播的历史机遇。2018年，成都漆器工艺厂官方淘宝店铺正式开张；2019年，开通官方抖音账号；2020年，又陆续开通官方快手、小红书等平台账号。近年来，随着互联网营销的爆火，成都漆器工艺厂也逐渐转战直播带货。

五、"互联网+非遗乡创"创新范式

在如今注意力经济时代，乡村振兴战略下的非遗传承保护需要互联网的支持与传播，才能尽可能地获得更多消费者的关注。互联网既是经济发展的主要载体，也是主要的传播渠道。乡村振兴战略是我国城乡发展道路的关键途径，也是对以在地乡土为主要依托的非遗项目实现"活态"传承，产业化发展的必要手段，"互联网+非遗"的传承保护是实现地方文化输出、传统手工艺价值再定位、非遗传承普及的循环系统，实现了非遗普及传承与商业市场价值双循环（如图25）。

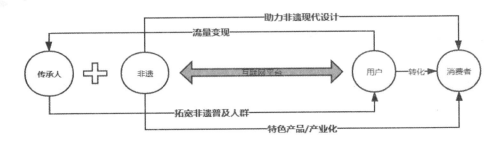

图25　乡村振兴战略下互联网+非遗双循环保护传承系统

需要提升"互联网+非遗"设计转换水平，重建非遗手工艺的当代美学观，增强非遗手工艺的生命力。

在非遗跨界创新的道路上，还需要协同更多社会力量，才能形成一个可持续发展、可自我循环的"互联网+非遗乡创"的生态系统。该生态系统需要整合非遗在地生根、非遗创新、非遗传播、非遗产业+事业协同发展四个发展阶段，以"共生、共创、共享、共赢"精神为核心，让非遗世代相传，生生不息，让非遗传承人得到尊重和收益保障，让非物质文化遗产为代表的中华优秀传统文化生生不息，让消费者在深度体验中与内容嵌合相关联，以数字文明时代的特性与平台深耕创新，推动"互联网+非遗乡创"整体生态的良性发展。

第六章

多元共创：
社会力量参与的非遗保护和传承

在中国式现代化背景下，社会力量的参与对于非物质文化遗产的保护和传承起着重要的作用。社会力量包括企业、艺术家、文化团体等非官方组织，其通过各种方式积极参与非遗保护和传承的实践，推动非物质文化遗产的传统技艺得到传承和发展。

企业社会责任的履行是社会力量参与非遗保护和传承的重要方面。许多企业积极承担起非遗保护的责任，通过资金支持、场地提供等方式，帮助非遗传承人进行传承活动，保护非遗项目的生存空间。在成都，一些企业成立了非遗传承基地，为非遗传承人提供场地和设施，促进非遗技艺的传承和发展。

艺术家、文化团体等非官方组织也在非遗保护和传承中发挥着重要作用。其通过组织展览、演出、培训等活动，提高非遗技艺的知名度和传承人的技艺水平，激发公众对非遗的兴趣。例如，一些非官方组织在成都举办非遗展览，吸引了大量观众，增强了公众对非遗的认知和关注。

社会力量的参与对于非物质文化遗产的保护和传承起到了至关重要的作用。通过企业社会责任的履行、非官方组织的活动、社区的参与以及国家级机构的推广，可以促进非遗文化的传承和发展，实现非遗与社会发展的有机结合。在中国式现代化的进程中，社会力量的参与是非遗保护和传承的重要路径之一，也是推动非遗文化融入现代社会的关键所在。

第一节　企业社会责任与非遗保护传承

企业社会责任是企业对自己的行为应该承担的责任，包括在社会发展和环境保护等方面念。企业社会责任作为一个理论与实际紧密结合的难题，一直以来深受学界和创业者们的关心，它最开始由奥利弗·谢尔顿提出。战略性社会责任是企业主动将社会责任作为自身战略的核心部分，以实现自身可持续发展的社会导向行为。借助战略性社会责任，企业能获得利益相关者的积极评价，提升产品创新合法性，实现错位竞争[①]。目前也有学者针对新兴经济体企业传承创新民族非遗技艺、履行社会责任进行分析，分成三个阶段：民族非遗技艺传承创新的探索阶段、民族非遗技艺传承创新的深化阶段、民族非遗技艺传承创新的跃升阶段。

随着中国式现代化的推进，非物质文化遗产的保护和传承变得愈发重要。在这个过程中，企业社会责任的发挥起到了关键的作用。企业作为社会的一员，应当承担起保护和传承非遗的责任，为非遗的传承提供支持和帮助。按照企业社会责任三重底线分析，宝马集团在中国市场的企业社会责任实践涉及三个领域：环境、社会和经济。而在社会发展方面宝马集团将维护中国文化传统、推动跨文化交流了解与社会发展作为对中国社会现状的长久服务承诺之一。通过进行外界和内部结构创新能力主题活动，专注于推动跨文化的理解和社会发展，促进文化交往与社会发展的结合[②]。

走进四川省夹江县，有一项国家级非遗夹江竹纸制作技艺，在技艺传承场地可以鲜明地看到一个"BMW文化之旅"的横幅。2022年，"BMW中国文化之旅"正式发布《大美中国：非遗保护创意创新案例集》，并推出由清华大学美术学院（以下简称"清华美院"）师生与非遗传承人合作设计的非遗文

---

① 彭凯,晋琳琳.新兴经济体企业传承创新民族非遗技艺的演进路径与作用机制——基于战略性社会责任视角的案例分析[J].学术研究,2023(11):47-51.

② 万利娅.宝马集团在中国市场企业社会责任研究[D].沈阳:沈阳理工大学,2023.DOI:10.27323/d.cnki.gsgyc.2023.000833.

创品。宝马集团积极履行企业社会责任，向中国非遗保护事业献礼，展示宣传非遗文化。清华美院师生与非遗传承人互相学习，相得益彰，开发的文创品不仅保留了传统非遗的精湛技艺及文化内涵，还秉承"非遗走进现代生活"的宗旨，更契合现代消费者的消费习惯和偏好，是将传统文化进行转化与发展的创新性探索。

宝马集团董事高乐表示："16年来，'BMW中国文化之旅'在各地方政府和权威学术机构的大力支持下，为中国社会非遗保护事业做出了重要贡献，体现了宝马集团'家在中国'的理念。我们将继续致力于中国传统文化创新保护与传承，助力传统技艺焕发新的活力，以新的时代风貌贡献'美丽家园'。"

在宝马集团与非遗碰撞合作的社会责任分析中可以看到：首先，企业社会责任在非遗保护传承中扮演着重要角色。企业作为社会经济的主体，具有一定的资源和影响力。通过积极参与非遗保护和传承活动，企业可以利用其资源发挥影响力，为非遗的传承提供必要的支持。例如，企业可以提供资金支持，用于非遗项目的保护和传承工作；企业可以提供场地和设施，用于非遗传承基地的建设和运营；企业可以组织员工参与非遗保护和传承的志愿者活动，提高公众对非遗的认识和关注度。

其次，企业社会责任可以推动非遗保护传承的创新发展。随着科技的进步和社会的变迁，传统的非遗保护传承方式可能需要进行创新和改进。企业作为创新的推动者，可以通过引入现代科技和管理模式，推动非遗保护传承的创新发展。例如，企业可以利用数字化技术，将非遗项目进行数字化保护和传承；企业可以运用虚拟现实技术，打造非遗体验馆，让公众能够更直观地了解和体验非遗；企业可以通过"互联网+非遗乡创"的方式，推动非遗项目的创新和商业化发展。

最后，企业社会责任的发挥还可以促进非遗保护传承与经济发展的有机结合。短视频时代的发展，面对国内短视频平台与日俱增的社会影响力，加强履行社会责任无疑成为民众对短视频平台的新期待。但是不同于一元体制二元运作的传统媒体，短视频平台背后是成熟的商业化模式，其需要在履行社会责任的同时兼顾企业效益。对"快手"平台打造非遗IP的策略进行分析，比如"非遗江湖系列""非遗带头人计划""非遗学院"等，这类以社会责任为原点的项目不仅正向改善了快手的企业形象，而且以非遗文化为核心的原创视频极大地丰富了平台的内容生态，从而为快手赢得了更高的企业效益，为短视频平台取得社会责任和企业效益的双赢探索出可借鉴的实践途径。①快手具体操作路径包括促进非遗短视频内容的创新、促进非遗知识付费、专属流量赋能非遗内容创作者。

非遗项目不仅是文化的传承，也有助于经济的发展。通过将非遗项目与商业活动相结合，可以实现非遗的保护和传承与经济的可持续发展相结合。企业可以通过与非遗传承者合作，推动非遗项目的产品开发和市场推广；企业可以通过与旅游机构合作，将非遗项目与旅游业相结合，为非遗传承者提供更多的经济收益。通过社会企业的参与与合作，吸引更多人融入非遗保护事业——手工艺、传统美食、服装、戏曲……或许一个团队的力量难以渗透这么多非遗文化细分领域，但一群人的力量可以形成合力，面面俱到。当这些企业汇聚到一起，就会形成多方受益的力量，产生一种良性运作方式，为消费者提供多种多样的文化产品选择，使消费者心中形成不同的审美意趣，而每个产品的内核都是对于文化的保护与创新，这是多元的基石。

综上所述，企业社会责任在非遗保护传承中发挥着重要的作用。企业通过积极参与非遗保护和传承活动，推动非遗保护传承的创新发展，并促进非遗保护传承与经济发展的有机结合。企业社会责任的发挥将为非遗的传承提供更加坚实的基础，推动非遗的保护和传承事业迈上新的台阶。

第二节　艺术家、文化团体等非官方组织的非遗保护与传承

非官方组织或者非政府组织，通常指除了政府和企业之外的不以营利为目的的其他社会组织。其关注的是全社会的公共利益或者某些族群利益（如弱

---

① 周敏，王希贤. 短视频平台如何更好平衡社会责任和企业效益——以快手非遗IP打造为例[J]. 现代视听，2021(05)：23-26.

势群体利益，行业利益等），往往发挥着政府和企业所没有或难以充分发挥的作用，推动社会进步。

艺术家、文化团体等非官方组织在成都非物质文化遗产保护与传承中发挥着重要的作用。其通过自身的专业知识和技能，致力于传承和发展成都的非遗项目，促进非遗文化的传播和推广。民间组织是指由各级民政部门作为登记管理机关并纳入登记管理范围的社会团体和民办非企业单位。民间组织在我国已成为一股推动社会进步的重要力量①。《中华人民共和国非物质文化遗产法》第九条和第三十六条分别规定"国家鼓励和支持公民、法人和其他组织参与非物质文化遗产保护工作"，"国家鼓励和支持公民、法人和其他组织依法设立非物质文化遗产展示场所和传承场所，展示和传承非物质文化遗产代表性项目"。而在一些地方性法规中，对民间组织参与非遗保护更是做出了较为具体的规定，《浙江省非物质文化遗产条例》第五条规定：文联、社联、科协、作协和有关行业协会、学会等组织应当积极参与非物质文化遗产保护活动，按照各自章程和职责做好非物质文化遗产保护工作。《江苏省非物质文化遗产保护条例》第七条规定：鼓励、支持社会团体、高等学校、研究机构、企事业单位和个人等社会各方面力量参与非物质文化遗产保护工作。《四川省非物质文化遗产条例》第九条规定：鼓励和支持公民、法人和其他组织依法参与非物质文化遗产保护工作。

根据媒体的相关报道，近年来，由大专院校、企业、个人等发起成立的文化遗产保护机构正越来越多地体现出普通公民的文化自觉意识，像北京文化遗产保护中心、中国华夏文化遗产基金会、深圳松禾基金会、甘肃兰州大学文化行者等都属于此类非政府性质的民间文保组织②。这些非政府组织利用自身的专业或地缘优势，组织当地的专家、学者、文化工作者进行文化普查、登录、整理等工作，唤醒民众保护文化遗产的意识及责任，配合政府调动民间力量修缮和保护中国文化、历史遗迹，为非物质文化遗产的保护做出重要贡献。比

---

① 陈兴贵. 我国非遗保护中的社会分工与责任担当[J]. 广西师范学院学报(哲学社会科学版),2016,37 (06):117-123. DOI:10.16601/j. cnki. issn1002-5227. 2016.06.022.

② 曹莎. 非政府组织在非物质文化遗产保护中的现状探析[J]. 山东省农业管理干部学院学报,2012,29 (02):110-112. DOI:10.15948/j. cnki. 37-1500/s. 2012.02.046.

如，"成都市非物质文化遗产保护协会"组织非遗项目下社区、走乡镇、进校园，通过演出、展览、办讲座和传艺育人相结合的方式，使丰富多彩的非遗融入广大人民群众生活，为传承发展奠定了良好的社会基础。艺术家和文化团体在非遗保护与传承中扮演着传承者的角色。其以自身的艺术才华和专业技能，深入研究非遗项目的传统技艺和文化内涵，通过学习和实践，将传统技艺进行创新和延续，使其与现代社会相结合；不仅保护了非遗项目的传统特色，还为非遗项目注入了新的活力和创意。

图26 高校学生志愿者团队在国家级非遗夹江竹纸传承单位调研合影

艺术家和文化团体通过举办展览、演出和培训等活动，积极推广和传播成都的非遗文化。比如，在成都温江的和合之道国际艺术创作营，利用自己的平台和资源，吸引更多的观众和参与者，让更多人了解和体验非遗项目的魅力。2023年，12名参营艺术家开展各类学术交流和创作活动，他们利用废旧木材、金属等废弃材料进行在地艺术再创作，创作成果将永久落地和合之道国际艺术园区。园区还将同步面向广大市民推出"'温润之江·和合雅韵'清华大学四川校友会视觉系列作品展""镜像——杨帅雕塑作品展""贺思恩张婷婷艺术联展""周晓冰陶瓷艺术展""舒兴川艺术展""田百忍油画交流展"等公益展览，举办布艺、陶艺、动画等各类艺术体验工坊和文创潮玩美食集市。通过展览和演出，展示了非遗项目的精湛技艺和深厚文化底蕴，引起了公众的关注和兴趣。同时，还通过举办培训班和工作坊等活动，传授非遗项目的技艺和知识，培养年轻一代的传承人，确保非遗项目得到可持续传承。

图27　现场拍摄创作基地图片（一）

图28　现场拍摄创作基地图片（二）

艺术家和文化团体还积极参与非遗项目的保护和研究工作。他们通过实地调研和文献研究，深入了解非遗项目的历史和传统，为非遗保护提供了宝贵的资料和信息。同时，他们还与相关机构和专家合作，共同进行非遗项目的保护和研究工作，制定保护方案和措施，提出保护建议，为非遗项目的传承和发展提供了重要支持。

此外，还以节事活动的方式加强非遗的推广度与传播效果。国际非遗节自2007年成功落户成都，每两年国内外非遗传承人群齐聚成都，共享文化盛宴。中国成都国际非物质文化遗产节是以推动人类非物质文化遗产保护为宗旨，展示《保护非物质文化遗产公约》缔约国交流互鉴履约实践的国际性文化盛会。非物质文化遗产可以视为中华民族几千年来改变生活，努力发展的文化基因。这些文化基因在代际传递的过程中，被不断赋予新的意义和价值，成为人们身份认同和文化传承的重要载体。非遗的公共属性通过非遗节事活动举办得到大范围的落实与推广，成为非遗传承人群重要的展示舞台。

节事活动的影响对非遗的传承推广有着重要的作用。通过节事活动，可以有效推动非遗的活态传承和创新发展，除了成都国际非遗节外，还有在山东举行的中国非物质文化遗产节、"三亚南山非遗节""长三角非遗节""黑龙江首届冰雪非遗节"，还有非遗门类如"新春年货民俗文化购物节"等。除此之外，在各类大型展会活动中也设置了许多非遗民俗体验、展览、表演，为公众提供了全方位、多角度了解和感受非遗文化的机会，增强了公众参与度和文化认同感。

图29　拍摄于第七届成都国际非遗节现场（一）

图30 拍摄于第七届成都国际非遗节现场（二）

综上所述，艺术家、文化团体等非官方组织在成都非物质文化遗产保护与传承中发挥着重要的作用。其以自身的专业知识和技能，传承和发展非遗项目，推广和传播非遗文化，参与非遗保护和研究工作，为成都非遗的传承和发展做出了积极的贡献。其努力不仅保护了非遗项目的传统特色，还为非遗文化的传承与创新注入了新的活力和动力。

第七章

战略管理：
现代管理模式下非遗保护与传承思考

在中国式现代化背景下，现代管理模式对非物质文化遗产的保护和传承起着重要的作用。现代管理模式以其科学、高效、规范的特点，为非遗保护与传承提供了新的思路和方法。本章将从三个方面探讨现代管理模式在非遗保护与传承中的应用。

现代管理模式强调科学规划和资源优化配置，可以提高非遗保护与传承的效率和质量。通过制订详细的保护计划和传承方案，明确各个环节的责任和任务，确保资源的合理利用和传承的顺利进行。同时，现代管理模式强调数据分析和评估，对非遗保护与传承的效果进行科学评估，可以及时调整和改进措施，提高保护与传承的效果。

现代管理模式对非物质文化遗产资源的配置与优化起到积极作用。现代管理模式注重资源的合理配置和优化利用，可以帮助非遗保护与传承更好地利用有限的资源。通过科学的市场分析和需求预测，可以确定非遗项目的发展方向和目标群体，提高资源的利用效率和经济效益。同时，现代管理模式强调创新和差异化发展，可以帮助非遗项目与市场需求相结合，提高非遗项目的竞争力和市场影响力。

现代管理模式对非遗保护与传承的战略管理起到重要作用。现代管理模式注重战略规划和目标导向，可以帮助非遗保护与传承确定长远发展目标和战略路径。通过制定科学的发展规划和策略，明确非遗保护与传承的发展方向和重点，提高非遗项目的整体规划和组织管理能力。同时，现代管理模式注重风险管理和危机应对，可以帮助非遗保护与传承应对外部环境的变化和挑战，保持持续发展的能力。

综上所述，现代管理模式在非遗保护与传承中发挥着重要作用。通过科学规划和资源优化配置，现代管理模式可以提高非遗保护与传承的效率和质量。同时，现代管理模式注重资源的合理配置与优化利用，可以帮助非遗保护与传承更好地利用有限的资源。此外，现代管理模式强调战略规划和目标导向，可以帮助非遗保护与传承确定长远发展目标和战略路径。因此，现代管理模式是非遗保护与传承的重要手段和方法，对于实现非遗保护与传承的可持续发展具有重要意义。

第一节　现代管理模式对非遗传承的影响

随着中国式现代化的进程，非物质文化遗产的保护与传承面临着新的挑战和机遇。现代管理模式在非遗传承中发挥着重要的作用，对非遗传承产生着深远的影响。

传统的非遗传承方式以师带徒或是血缘、亲缘方式进行非遗项目的传承，在管理上人治多于制度管理。传统的非遗传承往往依赖于个人经验和口传心授，管理方式相对简单且缺乏规范性。在现代企业化管理影响下，众多非遗传承项目从手工作坊转变为企业制管理方式，有了公司制度，也提供了更加科学和系统的管理方法。现代管理模式注重规划、组织、控制和评估，能够提高非遗传承的效率和质量。通过制订详细的目标和计划，明确各项工作的责任和流程，非遗传承的组织和管理能力得到了提升。现存的多项非遗技艺比如漆艺、蜀锦、蜀绣等从原来的工厂制或进行改制或进行创新，从产品内容创作到产品管理销售一系列流程，逐渐与时代接轨。

2023年在成都举行的水井坊"生生不息600年·活态传承发展未来"大会，发布了关于水井坊一号菌群科研的最新阶段性成果，再次证明了科研创新与非遗传承对于水井坊发展的重要性。蒸馏酒传统酿造技艺（水井坊酒传统酿造技艺）是第二批国家级非物质文化遗产。水井坊的一号菌群是水井街酒坊科学考古的重要发现。经过600余年的不间断酿造，水井坊的活态窖池出现了以一号菌群为代表的协调均衡、丰富多样的微生物类群。水井坊科研团队对一号菌群的结构、习性与功能进行了更深入的了解，并通过标准化、系统性地保护其活性微生态，为产品品质的提升注入了新的活力。

水井坊在保护性生产标准方面结合现代科技，制定了《水井坊古窖池保护性生产标准》，这一标准的制定，不仅体现了科研创新与非遗传承的紧密结合，也为水井坊的长远发展提供助力。水井坊在保护和传承非遗酿酒技艺方面做出了积极的努力。水井坊不仅与非遗传承人紧密合作，更是在公司内部建立了完善的非遗传承人体系，通过系统的培训和专业的指导，使更多的人能够掌握和发扬这传承600年的宝贵传统酿酒技艺。并通过与国内外知名科研机构合作，不断探索和研发新的酿酒技艺和生产方式。同时，水井坊也将这些先进的科技和管理方法引入自身的生产和管理中，以提高企业的效率和品质。

现代管理模式促进了非遗传承的市场化和商业化。在中国式现代化的背景下，非遗传承需要与市场经济相结合，实现经济效益和社会价值的双重目标。现代管理模式强调市场需求和竞争力，可以帮助非遗传承项目更好地适应市场需求，开发出具有竞争力的产品和服务，实现非遗产业的可持续发展。成都漆器工艺厂在漆器制造上坚持纯手工，厂内设有漆工组和装饰组两条生产线，聘请国家级非物质文化遗产传承人尹利萍、省级非物质文化遗产传承人李扬平担任技术骨干，支持生产的同时也负责指导和培养组内"80后""90后"的年轻传承人。企业对于年轻的传承人十分重视，不仅由大师级传承人从技术工给予教学和指导，同时还将这些学习能力强的年轻传承人送到各地高校进修。装饰组组长杨云淇是中国美术学院非遗研培班的老学员，她自2010年3月进入成都漆器工艺厂，先后跟随省级传承人王俊林和国家级传承人尹利萍学习成都漆器"三雕一刻"的装饰技法。进入高校研培班，给了杨云淇新的眼界和更广阔的思维，艺术理论的课程、各类国内外艺术展都让她大大拓展了视野，使她能够以全新的角度重新理解她所掌握的传统技艺。

如何更实际地贴合现代人的需求、活态地运用非遗技艺、扩展非遗手艺的可行性外沿？这需要生产者具有时代的眼光与创造性的思维，设计是一个关键的环节。然而大多非遗传承个人或企业要么不重视，要么无法掌握设计的能力，这使得非遗在产品的更新路上举步维艰。而成都漆器工艺厂设有独立的设计部，这无疑为它在非遗活化发展的道路上提供了有力的支持：将新老两代传承人与设计师对传统漆工艺的理解与当代设计思维相融合，将传统的手工艺术与今人的生活气息相适应，以此为依托自主研发符合时代需求的漆艺产品。

除此之外，成都漆器工艺厂还与高端品牌进行合作性的开发与生产。这样的尝试一方面由于漆艺本身价格高昂，进行中低端价位的产品生产本就有难度，而跟高端及国际化知名品牌进行合作可以直接对应到适宜的价格市场，同时也起到了推广优秀中国非遗手工艺与文化的作用；另一方面，这些国际化的大品牌往往具有较高的审美定位，且对当代市场的接受度有着更成熟的认知。与品牌的合作，成为了解市场，以及传统手工艺在当下发展的一个良好途径。比如与宝马公司合作的"鱼之乐"食具就是成都漆器工艺厂在这一领域的经典案例之一。工艺厂从造型和色彩上提取了宝马品牌元素，并与中国传统哲学符号进行组合，创作出有蓝天、白云、螺旋桨、沙漏、太极、阴阳鱼的视觉图案，让现代科技和传统技艺进行对话，也让西方文明与中国文化进行沟通，取庄子"子非鱼，焉知鱼之乐"的意境进行设计，打造了一套兼具传统美感与时尚概念的大漆餐具。

图31　成都漆器厂与宝马公司合作的"鱼之乐"食具

不可否认的是，现代管理模式也可能带来一些挑战和问题。一方面，现代管理模式强调效率和标准化，可能忽视了非遗传承的个性化和特殊性。非遗传承需要保留和传承传统的技艺和价值观，而现代管理模式偏向于规范化和流程化，可能导致非遗传承的创新和个性化受到限制。另一方面，现代管理模式注重经济效益和市场竞争，可能忽视了非遗传承的社会价值和文化保护。非遗传承不仅是经济产业，更是文化传承和社会认同的重要组成部分，需要综合考虑经济、社会和文化等多重因素。

第二节　非物质文化遗产资源配置与优化

非物质文化遗产资源配置与优化是非遗传承中至关重要的一环。在中国式现代化背景下，成都作为一个具有丰富的非物质文化遗产的城市，需要合理配置和优化利用这些资源，才能实现非物质文化遗产的传承与发展，将其融入现代社会中，为成都的文化建设做出更大的贡献。

首先，非物质文化遗产资源的配置需要充分考虑到其保护与传承的需求。成都作为一个历史悠久的城市，拥有众多非物质文化遗产项目。在配置资源时，应该优先保护那些濒临失传的非物质文化遗产项目，比如那些只有少数传承人的项目。同时，还要注重传承人的培养与传承机制的建立，确保非遗项目的传承能够持续进行。

其次，非物质文化遗产资源的优化需要与当代社会需求相结合。随着社会发展和人们生活方式的改变，非物质文化遗产的传承与发展也要与时俱进。成都可以通过创新非遗项目的传播方式和形式，使其更好地适应现代社会的需求，吸引更多的人参与其中。例如，可以将非遗项目与旅游业相结合，开发非遗旅游产品，吸引更多游客了解和体验成都的非遗文化。同时，还可以将非遗元素融入现代设计中，创造出具有时尚和艺术价值的产品。

最后，非物质文化遗产资源的配置与优化还需要注重公众参与程度。公众的参与是非遗传承的重要保障，可以通过社区组织、非遗传承基地等形式，鼓励更多的人参与到非遗保护和传承中来。成都可以建立非遗传承基地，提供展示、学习和交流的场所，让更多的人了解和参与非遗项目。同时，还可以通过非遗教育的推广，培养更多的非遗传承人和爱好者，使非遗传承成为社会的共同责任和文化自觉。

第三节 战略管理与非遗传承

一、战略管理与非遗传承

在中国式现代化背景下，非物质文化遗产的传承与发展面临着诸多挑战，其中战略管理的角色至关重要。战略管理是指在特定环境中制订和实施长期目标和规划，以达到组织或社会的最优化利益。在非遗传承中，战略管理可以帮助制定合适的方向和策略，推动非物质文化遗产的传承工作。

（一）中国式企业战略管理：非遗工坊的应用

通过战略管理对非遗企业进行帮扶支持：具有中国式现代化特色的非遗工坊的应用。为深入贯彻落实习近平总书记关于非物质文化遗产保护的重要指示精神，脱贫攻坚任务完成后，文化和旅游部、人力资源社会保障部、农业农村部（国家乡村振兴局）共同开展了非遗助力乡村振兴工作，于2021年印发《关于持续推动非遗工坊建设助力乡村振兴的通知》，对脱贫攻坚期间的帮扶政策进行调整优化，明确支持措施。

非遗工坊是指依托本地区非遗代表性项目或传统手工艺开展非遗保护传承、带动当地人群就地就近就业的经营主体和生产加工点。2022年，四川省文化和旅游厅、四川省人力资源和社会保障厅、四川省乡村振兴局联合下发了关于发布《四川省非遗工坊管理办法》的公告，对四川省非遗工坊认定范围与条件进行了明确。本办法所称"非遗工坊"，是指在四川境内以传统工艺为重点，依托本地区各类非遗代表性项目设立的特色鲜明、示范带动作用明显，经县级文化和旅游部门会同人力资源社会保障、乡村振兴部门认定的各类经营主体和生产加工点。

非遗工坊的认定范围：

1.有建设、运营非遗工坊的牵头企业、合作社或带头人；

2.富有特色、具备一定群众基础和具有较好的市场潜力；

3.已在脱贫地区设立的原非遗扶贫就业工坊，符合条件的按规定纳入非遗工坊管理。

非遗工坊的认定条件：

1. 具备能够开展生产的场地、水电暖、工具设备等条件；

2. 吸纳脱贫人口、监测帮扶对象数量较多，成效较好；

3. 管理规范，按时足额支付劳动报酬，社会信誉良好，无违法违纪行为；

4. 在帮扶脱贫劳动力就业增收方面有工作规划、配套制度、落实举措；

5. 积极开展员工技能培训，就业帮扶预期效果较好；

6. 通过线上线下方式，展示销售非遗工坊产品。

截至目前，全国各地已建立超过2500家非遗工坊，其中1400多家坐落于脱贫地区，惠及450多个脱贫县及85个国家乡村振兴重点支持县域。文化和旅游部揭晓了2022年度"非遗工坊典型案例"榜单，共有66家工坊脱颖而出，其中四川省独占四席，分别是专注于羌族草编、藏香制作、羌绣技艺及彝族刺绣的工坊。

从助力脱贫攻坚的坚实步伐，到推动乡村振兴的崭新征程，非遗工坊已从昔日的微型工坊蜕变为今日的创意工场，成为各级文化和旅游部门携手相关部门，强化非遗传承、促进就业增收、巩固脱贫成果、加速乡村振兴的关键力量。以四川省马边县花间刺绣非遗工坊为例，其创始人乔进双梅凭借对手工艺品行业的敏锐洞察，依托"1社6站15班"的精细化服务模式，成功引领超过800名妇女实现居家灵活就业，年人均纯增收破万元；更有15位杰出绣娘通过自主经营与直播带货，月均收入突破万元大关。

全国人大代表在2023年两会期间积极建言，倡导文创企业与高校深入民族地区及传统工艺腹地、文化生态保护实验区设立工作站，以提升产品品质；同时，强化非遗衍生品的知识产权与商标保护，培育一批具有自主知识产权的非遗知名品牌。在非遗工坊的学习与实践中，乡村居民不仅掌握了新技能，更在潜移默化中接受了新思想，共同创造了更加丰富多元的生活形态与乡村风貌。

鉴于乡村人口结构特点，许多非遗工坊设计了系统的培训计划与外出实习机会，为留守妇女、老人及闲散劳动力提供了学习、实践与交流的广阔平台，不仅提升了他们的技能与收入，更极大地丰富了精神文化生活，激发了乡村活力，实现了乡风文明的新飞跃。

（二）非遗工坊开展的种类

目前非遗工坊的发展模式具有多重类型，如"非遗工坊+公司+农户""非遗工坊+合作社+基地""非遗工坊+代工点"等。省内著名道明竹艺村则是充分以"非遗工坊+合作社"的方式开展竹艺传承及企业发展工作。

图32 崇州道明竹编博物馆（一）

通过在道明竹艺村的走访调研发现：崇州道明竹艺村作为道明竹编的载体，大到建筑设计、小到工艺摆件都有竹编技艺的体现，整个道明竹编都呈现出生机勃勃的景象。通过一位年轻的竹编传承人了解到：之前由于技术的不完善和继承人员的流失，道明竹编在之前的发展中还是呈现下坡趋势的，再加上竹编产品单一、市场情况不乐观，道明竹编出现了恶性循环；随着近几年的政府支持、高校合作、新媒体运营等方面的加强，"竹编+建筑""竹编+旅游"等形式的出现，越来越多的人深入了解了道明竹编，有更多的年轻人愿意学习竹编技艺。不仅如此，由于中央美术学院驻四川成都传统工艺工作站几年的入驻，完成了"竹编+设计"的结合，在竹艺村竹编博物馆里，除了展出道明竹编传统器具，对于工作站学生设计制作完成的作品也有展出，从家具设计、首饰设计、室内设计、工艺品设计等都有所涉及。这样的合作形式不仅有利于道明竹编技艺的传承发展、竹编产品销售渠道，对于高校学生对传统文化吸收与应用也极有好处。通过对学生的在地培养，较好地培养了高校学生的文化自信，而且利于学生将所学所知与当地村民经验认知两者的融合交替，对该技艺的传承发展有着宝贵的支撑，对学生与传承人/村民双方的发展可谓互惠互利，实现共赢。

图33　崇州道明竹编博物馆(二)　　　　　图34　崇州道明竹编博物馆(三)

与部分竹编传承地不同，为了保存道明竹艺村的活态性，村内还留守了大量的原住村民。通过原住村民在竹艺村的休养生息，使得整个村落欣欣向荣，结合文旅方面的营销与合作，包括吸纳"新村民"等方式，让整个竹艺村在旅游点位上充满了特色的同时，不死板，不冷清，"道明竹艺村"品牌特色突出。

此外，在调研走访中，了解到当地村民通过公司接订单，各位村民以领任务完成竹编订单的方式与公司形成收入共赢。前往竹里社区工作站进一步了解，四川道明竹艺产业发展有限公司的周思敏女士介绍，道明通过建立"四川道明竹艺产业发展有限公司"，将全村的各级传承人联系在一起，一方面通过组合培养新生代传承人，另一方面通过公司的整体运作，由公司出面洽谈商务，由传承人和村民共同完成业务。该模式一方面解决了传承人培养后继无人的问题，同时解决了大部分留守村民的民生就业问题，让这些老少妇孺可以在照顾家庭的同时赚取收入；另一方面，通过公司的专业化运作，避免了传统传承人因不善商务合作技巧等，在进行商务合作时被骗取货物、被压价等不良市场行为，确保了每位村民、传承人的付出可以获得与劳动付出等量的报酬。

图35 崇州道明竹编博物馆及现场编制工作（笔者摄于道明竹艺村）

（三）战略管理对非遗的应用与影响

首先，战略管理可以帮助明确非遗传承的目标和定位。通过制定明确的非遗传承目标，可以确保传承工作的方向性和目标性。同时，战略管理可以帮助确定非遗传承的定位，即确定非遗传承在整个社会发展中的地位和重要性，从而为非遗传承提供必要的资源和支持。

其次，战略管理可以促进非遗传承的资源整合和优化配置。非物质文化遗产的传承需要各种资源的支持，包括人力资源、物质资源和财务资源等。通过战略管理，可以对这些资源进行整合和优化配置，确保资源的充分利用和合理分配，从而提高非遗传承的效率和效果。

此外，战略管理可以帮助建立非遗传承的组织架构和管理体系。非遗传承需要一个有效的组织架构和管理体系来协调各方面的工作。通过战略管理，可以建立起科学合理的组织架构和管理体系，明确各个部门与人员的职责和任务，提高非遗传承的管理效能。

最后，战略管理可以推动非遗传承的创新和发展。非物质文化遗产的传承需要与时俱进，注重创新和发展。通过战略管理，可以鼓励和支持非遗传承的创新实践，推动非遗传承与现代社会的融合，使非遗传承更具活力和竞争力。

综上所述，战略管理在中国式现代化背景下的非遗传承中发挥着重要的作用。通过战略管理，可以明确非遗传承的目标和定位，整合和优化资源，建立有效的组织架构和管理体系，推动创新和发展。只有通过战略管理，才能够实现非物质文化遗产的传承与发展的长远目标。

二、分享经济中的非遗传承

随着互联网的普及和技术的进步，分享经济模式在全球范围内迅速崛起，对传统经济模式产生了深远的影响。共享经济又被称为合作经济、分享经济、使用经济、对等经济、网格经济、协同消费或合作性消费。当前，比较有代表性的观点是，共享经济是指通过互联网和移动互联网等信息技术手段，将个人和企业的闲置资源进行共享和交换，实现资源的高效利用和价值最大化的经济模式。研究分享经济的渊源，可追溯到20世纪80年代美国经济学家威茨曼撰写的《分享经济》一书。贝尼塔·玛托夫斯卡女士对分享经济做出了如下定义：分享经济，也被称为点对点经济，即P2P模式，也称协作经济、协同消费，是一个建立在人与物质资料分享基础上的社会经济生态系统。分享经济不仅改变了人们的消费方式，也为企业提供了新的发展思路。分享经济的崛起也为非物质文化遗产的传承带来了新的机遇和挑战。2015年在大连达沃斯论坛上，时任总理李克强提出"发展分享经济是带动经济发展的新路子"，随后的五中全会公报将发展分享经济提升到国家规划层面，并写入了"十三五"规划建议中。普华永道会计师事务所预测，2025 年全球分享经济产值可达 2300 亿英镑，分享经济这股热潮扑面而来，非物质文化遗产传承发展可借力而为，走出传承发展的新路子。

（一）分享经济与非遗传承的关联性

分享经济作为一种新的经济形态，其本质是通过互联网平台将闲置的物品、服务或技能进行共享，从而实现资源的有效利用。这种模式为非遗的传承提供了新的思路和途径。非遗作为人类文明的瑰宝，具有独特的历史、文化和艺术价值。然而，随着社会的变迁和人们生活方式的改变，许多非遗技艺面临着失传的风险。分享经济的发展为非遗的保护和传承提供了新的平台和渠道，使得更多的人可以了解、体验和学习非遗技艺，从而为其传承和发展注入新的活力。

（二）分享经济中非遗传承的现状与问题

随着分享经济的兴起，许多非遗技艺通过互联网平台得到了广泛的传播。例如，一些平台提供了在线学习和体验非遗技艺的课程，吸引了大量的用户参与。此外，一些传统手工艺人也通过线上平台展示和销售自己的作品，获得了更多的市场机会。

虽然分享经济为非遗传承带来了新的机遇，但也存在一些问题。首先，如何保证非遗技艺的真实性和传承质量成为一个重要的问题。一些平台为了追求流量和关注度，可能会忽视非遗技艺的真实性和价值。其次，如何保护非遗传承人的权益也是一个重要的问题。在分享经济的发展过程中，一些非遗传承人的作品被无偿使用或篡改，导致其权益受到侵害。

（三）分享经济中非遗传承的前景与建议

前景：随着人们对传统文化的重视和保护意识的提高，分享经济中的非遗传承有着广阔的发展前景。未来，随着技术的进步和平台功能的完善，非遗技艺将得到更广泛的传播和推广。同时，分享经济的发展也将促进非遗传承的创新和产业化发展。

建议：政府、企业和个人应该共同努力，推动分享经济中的非遗传承发展。政府应该加强对分享经济平台的监管，制定相关的法律法规，保护非遗传承人的权益；企业应该注重平台的可持续发展，积极探索与非遗传承相结合的新模式；个人也应该提高保护传统文化的意识，积极参与非遗的学习和传承。

（四）结论

分享经济为非遗的传承带来了新的机遇和挑战。通过加强监管、提高保护意识以及探索新的发展模式，我们可以更好地利用分享经济的优势，推动非遗的传承和发展。同时，我们也应该警惕其中存在的问题和风险，确保非遗技艺的真实性和价值得到充分的尊重与保护。

结　　语

在中国式现代化背景下，成都非物质文化遗产的传承与发展面临着重要的机遇和挑战。本书通过对成都非遗教育传承的多维路径的研究，总结得出以下结论。

在大众参与的非遗保护和传承方面，成都通过建设和运营非遗传承基地、组织社区和民间组织的保护和传承实践，实现了广大民众的参与和关注。这种大众参与的非遗保护和传承不仅能够传承非物质文化遗产，还能够促进社区发展和社会凝聚力的增强。

在教育体系中的非遗传承方面，成都注重学校教育的非遗传承与创新，通过开设非遗相关课程和活动，培养青少年的非遗文化素质。在现代科技的应用方面为非遗传承带来了新的机遇和可能。现代科技的应用不仅能够增加非遗传承的传播力和影响力，还能够提升非遗传承的传承效果和体验感。

社会力量的参与对成都非遗教育传承起到了积极的推动作用。在社会力量参与的非遗保护和传承方面，通过企业社会责任、艺术家和文化团体等非官方组织的参与，以及社区参与路径下的成都非物质文化遗产传承，实现了非遗保护和传承的多元化和多样化。这种社会力量的参与不仅能够提供更多的资源和支持，还能够促进非遗传承与社会发展的有机结合。

在现代管理模式下的非遗保护和传承方面，成都通过现代管理模式对非遗传承的影响、非物质文化遗产资源的配置与优化，以及战略管理与非遗传承的结合，实现了非遗传承的规范化和可持续发展。

综上所述，成都非遗传承的多维路径包括大众参与的非遗保护和传承、教育体系中的非遗传承、现代科技的应用、社会力量的参与以及现代管理模式的运用。这些路径的综合应用，为成都非遗的传承和发展提供了丰富的资源与支持，推动了非遗文化的传播与交流，促进了非遗保护与社会发展的有机结合。

未来非遗传承的发展前景是充满希望的。政府、学校、社区等各方应共同努力，通过多维路径的传承与发展，保护和传承成都丰富的非物质文化遗产，让非遗在现代化进程中焕发新的生机与活力。这不仅能丰富人们的文化生活，也能为成都的可持续发展提供重要的文化支撑。